图书馆科学管理
与数字学术服务研究

王丽敏　鄂丽君　著

化学工业出版社

·北京·

内 容 简 介

数字时代所涌现出的各种新技术在图书馆中得到广泛应用，使得传统图书馆逐渐发展成馆藏数字化、馆员多元化、服务网络化的现代化图书馆。但不论科技如何发展，图书馆作为收集、加工、存储、创造和传播知识信息的一个社会"装置"，仍然有几个不可或缺的要素：图书馆资源、图书馆馆员、图书馆读者、图书馆设备、图书馆现代化管理等。本书详细叙述各个要素的基本构成及其相互关系，并由此展开讨论，论述图书馆各要素的发展、详细工作内容、管理原则、管理目标等，在此基础上，对科学管理视域下图书馆数字学术服务及实践做了深入探讨与研究。

本书面向全国各类图书馆中从事图书馆管理与服务研究工作的管理者和图书馆馆员、图书馆专业教师和学生，也可作为图书馆馆员培训的参考工具书，同时也为图书馆读者了解图书馆的工作提供了一个窗口。

图书在版编目（CIP）数据

图书馆科学管理与数字学术服务研究 / 王丽敏，鄂丽君著. — 北京：化学工业出版社，2024.3
ISBN 978-7-122-45247-4

Ⅰ.①图… Ⅱ.①王… ②鄂… Ⅲ.①图书馆管理②图书馆服务 Ⅳ.①G25

中国国家版本馆 CIP 数据核字（2024）第 050178 号

责任编辑：高 震　　　　文字编辑：罗 锦　师明远
责任校对：李露洁　　　　装帧设计：韩 飞

出版发行：化学工业出版社
　　　　　（北京市东城区青年湖南街 13 号　邮政编码 100011）
印　　装：北京科印技术咨询服务有限公司数码印刷分部
710mm×1000mm　1/16　印张 12¼　字数 187 千字
2024 年 3 月北京第 1 版第 1 次印刷

购书咨询：010-64518888　　　售后服务：010-64518899
网　　址：http://www.cip.com.cn
凡购买本书，如有缺损质量问题，本社销售中心负责调换。

定　　价：88.00 元

纵观当代社会，科学技术发展迅猛，各种新技术、新知识层出不穷。尤其是通信技术的发展和网络技术的日益成熟完善，使得各种技术应用让人目不暇接，AI技术的广泛应用也让图书馆不断从中获益，与此同时这些新兴的数字技术装备不断改变着图书馆，使得对图书馆的管理和利用呈现复杂化、多样化的局面，读者对图书馆的需求也从最初简单的借阅演变为现在的学科化、数字化、多元化的各种知识服务。

在此背景下，如果图书馆的科学管理停滞不前，那必将影响图书馆在数字时代的发展。如何在数字时代科学有效地管理图书馆是图书馆管理者们一直关注的问题，为此他们不断提出新的管理理念，尝试新的管理模式。但不论时代如何发展，图书馆的科学管理都需要管理理论作指导。传统图书馆的管理模式需要发展，但是管理的基本方法和管理目标、管理内容、管理原则、管理目的没有根本上的改变，"读者第一，服务至上"仍然是图书馆的宗旨。只不过图书馆管理理念需要更新，数字时代图书馆的管理模式、管理方法和管理手段需要在新媒体文化下创新和发展。为此，结合图书馆的现状和数字时代社会发展实际需求，笔者撰写了本书。

对于各类图书馆来说，科学的管理将图书馆的各个要素有机地组织起来并按图书馆预定目标运行；科学管理为图书馆提供了驱动力，推动图书馆系统迅速发展并紧跟时代发展的步伐前进；科学管理就像是无形的传输带，使图书馆的各个构成要素在这个传输带上按照一定方向进行协作交流，从而形成良好的动态结构和合理的布局；科学管理可以引导图书馆的人力资源、财力资源、信息资源和物质资源参与图书馆的动态运行和发展，以实现图书馆的发展目标，同时也可以使图书馆的馆员富有成就感，图书馆的读者获得满意。在此基础上，对科学管理视域下图书馆数字学术服务及实践做了深入探讨与研究，以期提升图书馆数字学术服务的水平与能力。

本书内容共有七章，其中第一章为图书馆学概述，阐述了图书馆学基础知识、图书馆的性质和职能等内容；第二章为图书馆人力资源管理研究，介绍了图书馆人力资源管理相关知识，分析了图书馆人力资源构成和图书馆人力资源开发等内容；第三章为图书馆财力资源管理研究，分析了图书馆的理财环境、图书馆经费与图书馆财力资源管理等内容；第四章为图书馆建筑与设备管理研究，阐述了图书馆建筑设计、图书馆建筑管理与图书馆技术设备管理等内容；第五章为图书馆知识管理研究，介绍了国内外知识管理研究现状与知识管理相关知识，阐述了图书馆知识管理的内容、图书馆知识管理的实施路径与图书馆知识管理的评价等内容；第六章为图书馆科学管理探索与实践研究，阐述了图书馆文化管理、图书馆RDL管理与图书馆分类管理等内容。第七章为科学管理视域下图书馆数字学术服务及实践研究，在介绍了数字学术与数字学术服务相关知识的基础上，分析了图书馆数字学术服务空间构建、图书馆数字学术服务人员配置、图书馆数字学术素养教育与国外图书馆典型数字学术服务项目实践及启示等内容。

　　本书从图书馆管理的基本内容入手，分析了数字时代给图书馆带来的挑战并给出了相应的应对策略，并对现代数字化技术在图书馆的应用与实践进行了论述研究与探索，最后对科学管理视域下图书馆数字学术服务进行了探索研究。这些内容既包含了传统图书馆的基本服务和图书馆基础工作，也包含数字时代图书馆的科学管理和数字学术服务。本书内容完整，结构严谨，语言简洁，具有时代性、科学性和实用性等特点，它适用于从事图书馆管理与服务研究工作的相关人员、图书馆专业教师和学生使用，也可作为图书馆馆员培训的参考工具书。

　　本书由王丽敏、鄂丽君著，在撰写过程中得到了蔡丽静老师很多的指导与帮助，在此表示衷心感谢！

　　本书撰写过程中参考了多位专家与学者的学术文献与资料，汲取了许多宝贵经验，在此表示衷心感谢！另外，由于作者能力有限，书中难免有疏漏和不当之处，敬请读者批评指正。

著者
2023 年 12 月 10 日

第一章
图书馆学概述

图书馆是搜集、整理、收藏图书资料以供人阅览、参考的机构,具有保存人类文化遗产、开发信息资源、参与社会教育等职能。它是人类社会发展到一定阶段,创造了比较丰富的文化后才出现的,也是人类社会文明的产物。随着社会文明的进步和科学技术的发展,图书馆形态不断演变,图书馆的类型越来越多,图书馆的读者也越来越复杂,同时人们对图书馆的认识和需求也在不断变化。

图书馆学则是至今唯一的用建筑物命名的学科。那么究竟什么是图书馆学?目前仍然没有一确切的定义,人们从不同的角度对图书馆学进行了不同的解释,这些解释有一个共同特点,那就是:图书馆学是一门不断发展的学科,时代不同,图书馆学的基本含义也不相同。随着社会的进步和科学技术的发展,图书馆学的实质也不同程度地发生了变化。

这一章本书将围绕图书馆学及其研究展开论述,主要涉及图书馆学的基础知识、图书馆学研究对象、图书馆学研究内容、图书馆学相关学科和图书馆学研究方法。

第一节 图书馆学基础知识

一、图书馆学发展时期

"图书馆学"这一专有名词最早是德国图书馆学家马丁·施雷廷格（Martin Schrettinger）在 1807 年提出来的。1808～1829 年，他出版了《图书馆学综合性试用教科书》，使用了"图书馆学"这一概念。他在著作中第一次全面探讨了图书馆目录的编制原理，在图书馆学史上开创了图书馆目录编制的先河。他还非常重视对图书馆馆员进行专门教育，认为图书馆管理是一门专门的、独特的学科。此后，围绕"图书馆学"这门近代出现的新学科的理论研究和学术探讨持续不断，并出现了一些代表人物和研究专家，例如德国的艾伯特、丹麦的莫尔贝希等。

那么，什么是图书馆学呢？要弄清这个问题，首先要了解图书馆学的研究对象。图书馆学研究对象不是一成不变的，随着科学技术的发展和社会的不断进步，图书馆学的研究对象也在不断发生变化以适应社会的需求。至今为止，图书馆学研究对象经历了以下几个时期：

1. 整理总和时期

图书馆学创立的早期，其研究对象主要是以图书整理为主，如施雷廷格将图书馆学研究内容确定为"符合图书馆目的的整理方面所必要的一切命题的总和"。施雷廷格的观点可以概括为"整理总和说"，这一时期称之为整理总和时期。

2. 图书馆管理时期

从中外图书馆学的发展来看，这个时期图书馆学都重视图书馆管理工作。

在国外，随着工业革命的不断推进，从 19 世纪下半叶开始，城市化进程加快，城市逐渐扩大，市民人数剧增，阶层不断扩张。产业化革命要求人们尤其是产业工人必须有较高的素质，这样大家对公共知识空间就有了进一步需求，于是各国公共图书馆应运而生。如何建立图书馆并保证其正常运行成了一个亟待解决的问题，与之相应的图书馆科学管理方法受到业内人士的重视，这样图书馆学的研究由以往的侧重于图书资料整理逐渐转向侧重于图书馆管理。一些图书馆管理的著作也相继问世。例如，1859 年英国的爱德华兹出版了《图书馆纪要》，该纪要共 2 册，其中第 2 册即为《图书馆管理》，对 17～19 世纪以来的图书馆管理经验进行了全面总结。

在我国，著名的图书馆学的开拓者之一刘国钧先生曾在 1934 年出版的《图书馆学要旨》中说："什么是图书馆学？图书馆学便是研究图书馆的组织法、管理法和使用法的学科"。

由此，中外图书馆界开始重视图书馆的管理和使用。

3. 图书馆事业时期

人类进入 20 世纪后，科学技术不断发展，世界各国的图书馆事业也取得了快速发展。图书馆事业已经成一个国家、地区的重要文化设施和文化建设的一部分。图书馆学遇到一些新机遇，一些新的研究内容不断融入图书馆学中，例如馆际互借、图书馆法规的制定、馆员队伍建设、图书馆资源共建共享、图书馆网布局等。

面对这些新课题，图书馆研究者们将视野提升到宏观层面上来。1957年，刘国钧先生发表了《什么是图书馆学》一文，文中指出："图书馆学所研究的对象就是图书馆事业及其各个组成要素"。其中图书馆事业构成要素有图书读者、领导和干部、建筑与设备、工作方法。要掌握图书馆事业的规律，必须对上述五个要素进行深入研究，因此，将这个时期称为图书馆事业时期。

以上由"整理总和"时期到"图书馆事业"时期，图书馆学研究对象的根本缺陷在于其未能揭示出图书馆的实质。"图书馆事业"似乎涵盖了图书馆的一切，但是它未能表达出图书馆的本质意义。

1985 年，我国张晓林撰文指出："我们有医学，但没有听说过有医院学，我们有法学，但没有听说过有法院学。图书馆学因缺乏本质层面的追问，使得它仅是一种机构之学而非社会普遍现象及规律的学问。而研究一种机构是不能称之为科学的。其结果就是把图书馆学的教育沦为了职业需要的技术训练"。张晓林的文章犹如一石击水，在图书馆学界引起层层涟漪。随之而来的是图书馆学研究出现了反思意识，一些著名学者和图书馆学的专家力图通过对图书馆学理论基础、研究对象的本质进行深入挖掘，来揭示图书馆学的深层含义和存在的价值及意义，由此引出了下面的知识集合时期的到来。

4. 知识集合时期

图书馆对应的英文是 Library，其中词根是拉丁文 Liber，意思是书，Library 的本义是图书资源文库，由此可以看到，众多图书的集合才是构成图书馆的最基本的要素，场所、工作人员等要素都是因为书籍集合的需要而派生出来的，他们可简可繁，只有场所和工作人员没有图书那不是图书馆，有了书籍的集合才能称为图书馆，"知识集合"是古往今来各种形式图书馆最核心、最稳定的因素。

二、图书馆学研究对象

图书馆学研究的对象就是知识集合，研究客体（即所面对的研究现象领域）是客观知识（各种文本知识）、知识集合（图书馆、数据库、数字资源、网络资源）、知识受众（读者）及其相互之间的关系。

图书馆学研究对象和研究客体是有区别的。研究对象是一门学科所要阐释的本质现象，而研究客体则是与这种本质发生联系的一个现象系统。就一门学科来说，研究客体包含了研究对象，并以其为客体系统的核心。

三、图书馆的要素

图书馆有几个构成要素，时代不同构成图书馆的要素也发生了变化。早在 1929 年，陶述先生就指出："图书馆，其要素有三：书籍、馆员和读者"。1932 年杜定友先生认为图书馆有书、人和法三个要素：书是指图书及一切文化记载；人，即阅览者；法，包括设备、管理方法和管理人才。1934 年刘国钧先生提出图书馆有图书、人员、方法和设备四个要素。1957 年他又提出了五要素说，认为图书馆有读者、图书、领导和干部、工作方法、建筑和设备五要素。

随着人们对图书馆认识的不断深化，现在一般认为图书馆由图书馆资源、图书馆读者、图书馆馆员、技术方法、建筑和设备以及图书馆管理六个要素构成，这六要素相互联系、相互结合，构成了图书馆这个发展的有机整体。

1. 图书馆资源

这里的图书馆资源主要是指图书馆馆藏资源，是图书馆所收藏的各种类型的文献的总称，既包括传统印刷型文献，如图书、期刊、科技报告、专利文献、标准文献等，也包括现代的各种新媒体资源，如视听资料、数字资源、数据库、网络资源等。图书馆资源是图书馆基本要素之一，是图书馆赖以生存和发展的基础，是图书馆开展各种服务的基本保障。目前，各类图书馆的资源都是印刷型和数字型资源并存，称之为复合型馆藏资源。复合馆藏这一状况将在相当长一段时间存在下去。

2. 图书馆读者

图书馆的读者是指凡是具有利用图书馆文献资源的一切社会成员，既可以是集体，也可以是个人。图书馆的读者是图书馆服务的对象，读者工作是图书馆一线的工作，也是图书馆其他工作的出发点和归宿。发展读者、研究读者、服务读者是图书馆读者工作的重要内容。读者的存在和需求决定了图书馆读者服务工作的价值；读者对图书馆的依赖程度，决定了图书馆读者工作的发展水平。读者不仅是图书馆服务工作的受益者，也是推动读者服务工作的动力和检验服务质量的标尺。

3. 图书馆馆员

图书馆馆员是指图书馆工作人员，包括各个层次的领导干部、行政管理人员和专业技术人员。他们是图书馆各项工作的管理者和组织者，是使图书馆资源与读者发生关系的媒介，也是使图书馆资源由潜在价值变为现实价值的关键。因此，图书馆馆员是构成图书馆系统的诸多因素中最活跃、最重要的因素。图书馆工作开展得好坏，图书馆社会作用发挥得如何，在很大程度上取决于图书馆馆员队伍的政治素质和业务水平。

4. 图书馆技术方法

图书馆技术方法是做好图书馆工作的重要手段。图书馆能否发挥作用取决于图书馆馆员是否能掌握正确的技术方法。现代图书馆作为社会知识传播和信息交流的重要场所和工具，必须以各种物质保障和技术作为图书馆存在的基础。图书馆资源建设、图书馆资源整序和图书馆资源开发的各种技术方法、读者服务的技术方法、图书馆组织管理的技术方法以及计算机技术在图书馆的广泛应用和数字化技术、网络通信技术等，构成了图书馆科学的方法系统。这个方法综合应用于图书馆各种实践活动中，促使图书馆工作不断向前发展。

5. 图书馆建筑与设备

图书馆建筑与设备是图书馆开展各项工作的物质基础，包括图书馆馆舍和技术设备、阅读设备、办公设备、水电设备等。图书馆建筑的功能要与图书馆的职能相适应。图书馆馆舍建筑如果不能适应工作需要，馆内各种设备不齐全、不符合标准都将妨碍图书馆工作的开展，降低图书馆的社会功能。

6. 图书馆的管理

图书馆管理即利用系统的、科学的方法，按照图书馆的工作和图书馆事业发展规律，合理地计划、组织和最大限度地发挥图书馆的人力、物力、财力等各种资源的作用，达到以最少的消耗实现图书馆的既定目标，完成图书馆的任务的过程。

图书馆管理是图书馆工作顺利进行的保障。没有科学管理必然导致图书馆工作的分散、重复、混乱和浪费。图书馆管理是有效利用图书馆馆藏资源的保障。在海量信息的当今社会，图书馆必须对数量庞大、内容复杂的文献信息进行准确的筛选和科学的整理加工，以便及时地将读者所需的信息传递到读者手中。图书馆的管理是实现图书馆工作现代化的保障。不实行科学管理，就不能提高管理水平，即使有了先进的技术设备，也不能充分发挥作用。现代化图书馆服务水平的提高，不仅取决于现代化技术设备的应用，也取决于科学管理的水平。

以上六个要素相互依存，相互促进，共同构成了图书馆统一的有机整体，保证图书馆的正常运行。

四、数字环境下图书馆科学管理研究

随着信息技术、网络技术以及通信技术的发展进步，传统的图书馆管理受到了很大的冲击。数字图书馆的出现、建设以及发展，是图书馆发展史上一个重大的变革，这场变革是多层面、全方位的。它不但改变了图书馆传统的运行方式、手段，也改变了图书馆传统的业务流程，并且引发了一场关于图书馆管理的思想变革。数字图书馆发展的形态和模式不是凭空出现的，而是继承并创新了传统图书馆。

1. 传统的图书馆管理的局限性

传统的图书馆管理在数字环境下有诸多局限性，这些局限性突出地表现在以下几个方面。

（1）空间限制

传统图书馆实际是在地域条块分割的条件之下成立的，有计划经济体制的成分在内。由于地域的划分，图书馆大多具有强烈的依附感以及附属性，每个图书馆为了完成任务，满足读者的需求，各自建设自己的馆藏资源，这就导致在信息资源的配置上是重复又不足的，使得文献信息资源的共享成为了一个亟待解决的问题。

从空间的限制来看，信息载体利用了具体的特定场所，利用的过程也与信息载体中物理空间相转移结合，正是因为这种无法摆脱的地域控制，才会产生社会的稀缺感，使得图书馆成为社会机构中地域层次的控制以及拥有对象。

（2）管理缺乏法律意识

目前，我们国家已经进入了法治社会，法律法规在人们的日常生活中、工作中都发挥着越来越重要的作用。我国对图书馆的行政管理规范也已经十分健全，对图书馆的日常管理工作起到了有效的指导作用。但是在图书馆创新管理方面，相关法规制度不够健全，并不足以对图书馆创新管理的行为进行有效的规范和指导，这不利于图书馆管理方式的创新，一定程度上还阻碍了图书馆未来的发展。虽然有一些图书馆出台了对图书馆进行创新管理的相关规定，但是这些规定比较笼统，缺乏实际指导性，不利于图书馆管理人员进一步操作，对相关人员的约束也不强。

（3）图书馆的创新意识淡薄

在很长的一段时间里，我国的图书馆都采用传统的管理模式，这种传统的管理模式在管理人员心中留下了很深的印象。图书馆里的工作人员也已经习惯这种传统的管理体制，认为只要积极完成自己本职的工作就可以了，对于其他的相关服务性的工作并不关心，缺乏服务意识。在传统的管理模式下，工作人员对数字资源只有初步的了解，这给图书馆的管理带来了很大的阻碍。

面对新技术、新环境，图书馆需要充分利用科技发展给自己带来的机遇，进行管理创新，探索数字环境下图书馆管理创新的模式和方法。

2. 数字环境下图书馆的管理创新

（1）创新图书馆管理机制

为了能够在新的环境下为图书馆提供创新机制的保证，文化行政部门也应该结合数字环境特点，积极地进行创新，为图书馆的管理以及创新提供制度上的保障。图书馆制订的创新管理制度要尽可能地做到详细，内容要包括信息服务形式、人员管理要求、各部门目标责任、人员激励制度等一些相关规定。同时，相关的部门还要根据每个图书馆不同的发展情况，将一些规模较小的图书馆合并重组，以充分地利用有效资源。改变以往传统终身制的模式，采用竞争上岗的新形式，并且提高图书馆里工作人员的福利待遇，以吸引更多高素质的人才。

（2）提高图书馆的创新意识和服务理念

在新的时代背景下，图书馆为了更好的发展，必须改变以往传统陈旧的观念，要与数字时代的新理念紧密地结合，提高自身的服务理念以及创新意识。图书馆的管理人员应从整个社会的利益出发，把商业中的管理模式借鉴到图书馆的管理中去，采用优胜劣汰的机制，考查选取人才。让图书馆积极地参与到市场竞争中去，在竞争的过程中进步，提高服务意识。

（3）创新内部的组织机构

图书馆内传统的运作模式，大大限制了图书馆的发展，与在数字环境下对图书馆内部运作的管理模式要求不相符合。因此，要积极地创新图书馆内部的运作模式，促进内部的组织机构的创新。改变原来传统的封闭化的组织结构，实现操作流程一体化，加强各部门之间的交流和沟通，实现图书馆资源的合理配置。

（4）提高馆员的素质

目前，我国图书馆中馆员的综合素质相对较低，不能满足当前新形势的需要，为了实现对图书馆的管理创新，必须提高馆员的综合素质。需要负责人做到以下的两点：第一，加强图书馆内部人员培训，提高馆员的专业素养。第二，加大对人才的招聘力度，提高工作的福利待遇，以便吸引更多优秀的人才。

第二节　图书馆的性质与职能

随着科学技术的日新月异和各种新技术在图书馆的应用，图书馆的形态和服务模式发生了较大的变化，但是图书馆的性质和职能没有质的改变。图书馆的作用只能是更加重要，只不过是以不同于以往的方式对人们的生活和学习产生着影响。

一、图书馆的性质

事物的性质有本质属性和一般属性之分。本质属性是事物必然具有的内在的质的规定性，是此事物区别于其他事物的根本所在，它规定和限制了一般属性。一般属性是本质属性的派生和反映，它从属受制于本质属性。

图书馆的性质也有一般属性和本质属性之分。

1. 图书馆的一般属性

图书馆是人们在社会实践中创造出来的，是社会科学、文化、教育系统的一个重要组成部分，它具有其所属系统的一些共性，即图书馆的一般属性或社会属性，包括：社会性、学术性、服务性和教育性。

（1）社会性

作为向公众提供文献及其相关服务的一种社会机构，图书馆具有明显的社会性。

图书馆的馆藏资源是人类共同的精神财富，具有社会性，是人类社会活动的产物。图书馆收藏的文献，是人类征服自然、改造自然和人类社会历史进程的记录，是人类智慧的结晶，是人类整个社会共同的精神财富。图书馆对这些精神财富具有继承性和传递性。通过图书馆，人类的知识一代又一代地积累起来，继承下去；通过图书馆，文献信息资源又被广泛传递和运用，并且这些财富取之不尽用之不竭，从而推动社会创造更多的精神和物质财富。

图书馆的读者具有社会性。图书馆是人们利用文献资源的场所，是信息交流中心和知识集散地。图书馆系统地收集、存储文献资源的目的，就是为社会广大读者提供服务。图书馆要维护读者使用馆藏文献资源的权利，指导他们充分利用馆藏资源，满足自己的需要。

图书馆馆际合作是图书馆社会性的表现。任何一所图书馆不论实力如何都不可能将世界上所有文献收集齐全，也不可能满足所有读者的需要。因此，图书馆之间建立长期合作，通过馆际协作，突破馆际之间、地区之间、国家之间的局限性，提供文献资源的共建共享，不仅能使各个图书馆的馆藏资源充分发挥作用，也能满足不同读者的多元化需求。

图书馆数字化网络化是图书馆社会性的深化。信息技术革命的浪潮同样冲击着图书馆，网络技术、数字化技术、多媒体技术在图书馆中的广泛应用使得图书馆能够与时俱进，合着时代发展的频率，紧跟数字时代的步伐，积极参与到数字化建设的洪流中。这也是图书馆社会性的又一个具体体现。

（2）学术性

图书馆是一个学术性服务机构，理所当然具有学术性。

首先，图书馆工作是科学研究的前期劳动，是构成科研能力的主要因素之一。科学研究是一种社会劳动，它具有明显的连续性和继承性。我们知道，任何一个科学工作者在开始从事某项科学研究工作时都要对所选择的课题进行大量的调研，了解、研究其发展历史、目前的研究水平、国内外研究现状及今后发展趋势，以此作为选题的依据和进行科学研究的参考。这就是以文献调研为主要内容的科学研究的前期准备工作。图书馆系统完整地保存着记载人类智慧的文献资源，是信息存储和开发利用中心。图书馆为科研工作者的科学劳动提供了条件，是科学劳动的一部分。图书馆对文献资源研究的成果，是直接影响科学研究能力的一个重要因素。

其次，图书馆工作本身具有学术性。我们知道，图书馆工作的对象一个是文献资源，另外一个是读者。文献资源是人类智慧的结晶，读者是具有一定文化水平的社会各阶层人。所以图书馆工作的学术水平直接影响对文献资源的处理和为读者服务的各个方面。图书馆业务工作本身也具有学术性。图书馆的业务工作包括文献的采访、分类、编目、组织管理、流通、阅览、参考咨询等，均属于学术性工作。

再次，图书馆事业正向自动化、网络化、数字化迅速发展。现代化图书馆已经广泛采用了各种先进技术如计算机技术、多媒体技术、网络通信技术、数字化技术以及先进的设备，如此众多的先进技术和设备都要靠掌握各种专门知识的图书馆馆员们去掌握和使用。图书馆要适应科学技术迅猛发展的需求，图书馆工作者就必须不断提高业务素质和技术技能，探索新方法和新途径，广泛深入地进行图书馆学及其相关学科的研究工作，把研究成果应用到图书馆实际工作中去。所有这些都体现着图书馆的学术性。

（3）服务性

图书馆作为信息产业的一个组成部分，其服务性十分明显。

首先，图书馆收藏文献资源的主要目的在于用，图书馆存在的价值也体现在用。图书馆通过对文献资源的收集、整理、传递和使用，将一部分人创造的精神财富传授给另一部分人。

其次，图书馆既然是服务机构，就要求图书馆工作人员应该具有从事这项服务性工作所需要的广博的科学文化知识和图书馆业务知识，熟悉馆藏、熟悉读者，有良好的职业道德和全心全意为人民服务的奉献精神。只有具备了这些能力，才能不断提高服务质量，积极主动地为读者服务。

再次，由于科学技术和现代教育大规模的发展以及知识文化的普及，社会对图书馆提出了更高的要求，图书馆网络化自动化又为图书馆服务奠定了物质基础。各种新技术在图书馆的广泛应用为图书馆更快、更准、更方便、更有效地满足社会需求提供了现代化手段。随着图书馆现代化的发展，图书馆将逐渐实现国际化、全球化，那时图书馆的学术性将更加显著。

（4）教育性

图书馆是一个教育机构，它以丰富的馆藏文献资源为基础，通过提供文献以达到传播科学文化知识，对读者进行教育的目的。早在 1876 年，美国图书馆学家杜威就指出：图书馆是一个学校，图书馆馆员是广义的老师。

图书馆是对大众进行思想政治教育和科学文化教育的社会机构，图书馆是广大读者自学的场所，也是终身学习的基地。图书馆为读者提供良好的学习环境。读者可以针对自己在工作中遇到的实际问题进行有目的的学习。图书馆教育既是学校教育的补充，又是学校教育的继续。

图书馆教育的形式灵活多样。图书馆可以通过文献的推荐宣传、辅导阅读、阅读推广等形式，帮助读者获得所需要的知识和信息。通过举办各种丰富多彩的文化活动，如学术报告会、读书心得交流会、图书期刊评论会等，激发读者的学习兴趣，获得更好的教育效果。

图书馆的馆藏涉及范围极为广泛，因此图书馆教育对象也十分广泛。凡是一切有能力利用图书馆的社会读者都是它的教育对象。不论读者的年龄、性别、职业、学历有什么差异，都可以在图书馆自学和深造，获取自己所需要的科学技术和文化知识。

2. 图书馆的本质属性

本质属性是指某类事物必然具有的并与其他各类事物区别开来的属性。图书馆的本质属性应该是图书馆这一领域所特有的、能够将它与其他事物区别开来的属性。

图书馆的本质属性是什么？对此众说纷纭。本书把一些代表性观点归纳起来，供读者参考。

（1）中介性是图书馆的本质属性

图书馆在文献资源交流过程中，起到一个中介物的作用，故中介性是图书馆的本质属性。任何图书馆都在文献资源和读者之间架起了一座桥梁，通过图书馆这个桥梁，文献资源被广大读者所认识和利用。

（2）知识性是图书馆的本质属性

图书馆是文献资源的集散地和知识的交流传播中心，文献是记录有知识的一切载体，因此知识性是图书馆的本质属性。

（3）服务性是图书馆的本质属性

图书馆是学术性服务机构，因此，提供文献服务是图书馆的目标之一，图书馆的各项工作都是围绕为读者服务进行的，服务性是图书馆的本质属性。

（4）文献传递性是图书馆的本质属性

图书馆收藏文献的目的就是将有用的文献资源传递到合适的用户手中，让这些文献资源发挥应有的作用。文献的聚集和知识信息的传递是图书馆的本质属性。

（5）检索性是图书馆的本质属性

图书馆的文献资源必须被读者使用和开发才能发挥其作用，而文献能方便快捷地被读者找到是图书馆各种资源发挥作用的前提，如何使海量的馆藏一索即得是每个图书馆所追求的，因此，文献信息的检索性是图书馆的本质属性。

（6）实用性是图书馆的本质属性

实用性即如何使收藏的文献能方便快捷地被读者利用，这也是图书馆馆员们不断探索的一个课题，是图书馆的本质属性。

到底什么是图书馆的本质属性呢？是何种本质属性使人们将图书馆与其他事物区别开来呢？目前在学术界得到大多数人赞同的观点是第4、第6种观点，这两种观点虽然表述方式不同，但其基本含义是一样的：即图书馆的本质属性是"藏用性"。

藏用性是图书馆区别于其他机构的特有属性。正是对文献系统地收集和对信息知识广泛地传递这种图书馆的基本特征，使得图书馆能够区别于同属科学教育文化系统的出版、印刷、发行等部门。

藏与用是古今中外所有图书馆都具有的基本属性。近代现代的图书馆不言而喻。即使是以藏书为主的古代藏书楼也是如此。图书馆是随着文献的出现而产生的，又随着文献信息的交流而不断发展。无论社会如何发展，图书馆的这一基本属性都不会改变。

文献的收藏和利用构成图书馆的特殊矛盾和主要矛盾。这对矛盾决定着图书馆的其他矛盾。这对矛盾的不断斗争、不断运动，是推动图书馆事业发展的根本动力，是任何其他事物所没有的，它使图书馆区别于其他事物。

二、图书馆的职能

图书馆的职能是指图书馆在人类社会中应有的作用和功能。图书馆的职能涉及社会生活的各个领域，在图书馆的历史发展过程中，图书馆的职能是随着社会及图书馆自身发展的变化而变化的。图书馆的职能有许多，主要可归纳为两大类：即基本职能和社会职能。

1. 图书馆的基本职能

图书馆的基本职能是指在不同时期不同国家的每个图书馆都具有的职能。这些职能贯穿于图书馆整个发展过程中，不随图书馆的技术方法、服务手段等方面的变化而变化，也不随社会的发展而变化。

图书馆的基本职能就是收集整理和提供使用，也可以把这一过程统称为传递文献信息。具体可以分为三方面：

（1）对知识信息的物质载体进行收集、选择、积聚；

（2）对知识信息的物质载体进行加工、整理、存储、控制、转化；

（3）对知识信息的物质载体进行传递和提供使用。

图书馆的三项基本职能是由图书馆的本质属性决定的。任何图书馆必须具有这三项基本职能才能独立存在，才能使图书馆得到健康的发展。图书馆的三项基本职能——收集、整理、提供使用，是图书馆一个不断循环往复的过程，只有通过它才能保证图书馆动态的平衡，才能与外界进行正常的物质、能量、信息的交流，同时维持图书馆的生存和发展。

2. 图书馆的社会职能

图书馆的社会职能以基本职能为基础，是图书馆的基本职能在一定社会中的表现形式。图书馆的社会职能受一定社会影响，社会赋予它、要求它，并随着社会的发展不断变化、扩大。

古代图书馆时期，图书馆的社会职能主要是保存人类文化遗产。近代图书馆时期，大机器工业的兴起，要求与之相适应的全民文化水平的提高和教育的普及，因而图书馆担负起了社会教育的职能。到了现代，科学技术的迅速发展，使人们对知识、信息的需求越来越迫切，图书馆又被社会赋予了开发智力资源、传递科学信息的职能。

总之，图书馆有的社会职能在消失，有的社会职能在扩大，而更多的新职能在不断出现。图书馆的社会职能具体有以下五个方面。

（1）保存人类文化遗产的职能

图书馆是人类文明的载体，是保存人类精神财富的宝库。它从诞生之日起，就承担着保存人类文化遗产的职能，在整个社会系统中有着任何其他文化机构所不能代替的重要作用。

图书馆广泛、全面地收集社会发展历史和知识经验的图书文献，并对它们进行加工、整理，使其长久地、系统地保存下来，流传下去，使我们了解祖先创造的几千年光辉灿烂的文化，使我们能汲取人类文化的精华，借鉴前人经验教训，在前人成就的基础上，做出新的贡献。这一职能使图书馆在人类社会发展史上和科学技术的发展史上，有着不可磨灭的伟大功绩。

（2）社会教育职能

图书馆是社会教育的重要组成部分。古代图书馆就具有教育职能，只是由于服务范围小，不很明显而已。在近代，图书馆的社会教育职能得到了充分的发挥。资本主义的大生产，要求工人有较高的知识和较多的技能，社会要求图书馆担负起对工人进行科学文化知识教育的职能，以满足社会需要。图书馆的这一职能的发挥，也是进入近代图书馆的重要标志。进入现代图书馆时代，科学技术发展迅速，知识更新的频率越来越快，人的一生都需要不断地学习新知识，作为社会大学——图书馆，其社会教育职能得到了更加充分的发挥。图书馆教育职能主要体现在以下两个方面，一是进行思想政治教育，二是进行科学文化知识的传播。

第一，进行思想政治教育。在不同的历史阶段和政治制度下，图书馆对读者进行思想政治教育的内容和目的有本质的差别，但古今中外的统治阶级都毫无例外地把图书馆作为推行本阶级意志、思想、政策、法令的有力工具。

在我国现阶段，图书馆思想政治教育的主要内容包括：图书馆通过书刊流通、图书宣传、阅读辅导等形式，帮助读者树立正确的世界观、人生观和价值观，培养读者高尚的道德情操，提高他们的思想修养。

第二，传播科学文化知识。图书馆收藏着丰富的图书文献，既有科普读物，又有学术专著和专题论文，因此它能满足各种专业、各种职业、各种学历和各种文化程度的读者的需要。图书馆的教育不受时间、空间、年龄等限制。这是任何其他教育机构不能相比的。图书馆的教育深入到社会的每个角落。因此，图书馆成为普及和提高科学文化水平的重要社会教育设施。

另外，在科学技术发展日新月异的今天，知识更新的频率不断加快，那种认为一次教育就可受用终身的观点早已过时，人们需要不断更新和补充新知识，不断接受继续教育。图书馆在继续教育中发挥重要作用，它已成为人们接受终身教育的重要场所，现代通信技术的应用使图书馆的教育范围正覆盖整个社会，鼠标一点，全世界的各类图书馆近在眼前。

（3）传递科学信息的职能

传递科学信息，是现代图书馆的重要职能。国家要发展就要加强科学研究。而科学研究具有明显的继承性、连续性和创新性，这就要求迅速地进行科学交流和收集、掌握文献中的信息，以避免重复劳动，少走弯路，从而在已经取得的研究成果基础上，进行创造性的科学研究。

在当今社会，科学技术迅猛发展，记载科学技术的文献数量也急剧增长，文献的收集、整理单靠个人分散孤立地进行，不仅要花费很大的时间和精力，而且已远远满足不了实际需要。因而需要有专职人员、专门机构从事科学文献的收集、加工、整理、检索和传递工作。作为文献主要收藏单位的图书馆，义不容辞地担负着传递文献的职能。

图书馆不仅具有信息的物质基础——各种文献，而且还有传递信息的方法。现代通信技术和计算机技术在图书馆中的应用，极大地提高了现代图书馆传递信息的效率，从而使图书馆传递信息的职能得到更好的发挥，成为现代社会信息的中心。

（4）开发智力资源的职能

所谓智力通常称为智慧，也叫作智能，它是人认识客观事物并运用知识解决实际问题的能力。智力也是资源，它与煤、石油等自然资源一样，只有被人们开发和利用，才能发挥巨大的能量，为人类造福。图书馆开发智力资源的职能表现在两个方面。

一是开发信息资源。图书馆收藏的图书文献所蕴涵的信息、知识是一种智力资源，它只有经过开发，才能服务于人类。所以，图书馆要采用现代化的技术手段，建立完整的检索系统，对图书馆的这种智力资源进行开发，最详细、最全面地将其中的信息充分揭示出来，为每一条信息找到使用者，为每一个需要者准确、迅速地提供科学信息，从而使图书馆的智力资源得到充分的开发和利用，创造出新的物质财富和精神财富。

二是开发人力资源。图书馆不仅开发人类积累的智力资源，还要开发人的潜在的智力资源。图书馆这种智力资源的开发与图书馆的教育职能是密切联系的。图书馆对读者进行学习方法和阅读方法的教育，进行信息检索、开发和利用的教育，从而提高读者信息开发利用的能力。图书馆利用丰富的馆藏文献，举办各种学术交流会、专题报告会等其他各种形式的活动，开阔读者的视野，培养他们的各种能力。这都是图书馆开发智力资源的体现。

（5）文化娱乐职能

图书馆除具有保存文化遗产、社会教育、传递科学信息、开发智力资源四个社会职能外，还具有文化娱乐的职能，即满足社会对文化娱乐的需要，丰富和活跃人们的文化生活。尤其是在新世纪，公共图书馆已成为社会的文化中心，其功能远远超出文献服务的范围。在这里不但有宽敞明亮的阅览室、会议室、多功能演示厅，还会设有一些体育活动室、健身房等。

图书馆不但可以举办读者座谈会、学术演讲会，还可以成立各种培训中心，甚至可以提供各种艺术表演来展示地方文化，提高社区居民的审美意识，丰富人民群众的精神生活，培养人民群众的高尚生活情趣，这是图书馆义不容辞的责任。

第二章
图书馆人力资源
管理研究

在图书馆的各项管理工作中，人力资源管理是图书馆科学管理的核心问题。一个图书馆是否能获得读者的认可，并不仅仅依靠其馆舍的大小、设施的先进程度和现代化水平，而且还取决于它为读者提供的服务是否满足了不同读者的文献需求，而这是要依靠图书馆的员工来完成的。在当前网络环境下，读者对图书馆的馆舍或藏书规模的认识逐渐淡化，取而代之的是能获得的图书馆馆员的服务，是对图书馆资源的利用。因此，如何提高图书馆馆员的素质和对这些高素质人才的管理非常重要。这是提高图书馆核心竞争力的关键因素，是图书馆可持续发展的基础。

第一节　图书馆人力资源管理概述

"人力资源"一词最早是由美国当代著名管理学家彼得·德鲁克（Peter F. Drucker）于 1954 年在《管理的实践》一书中提出的。德鲁克认为人力资源和其他资源相比较而言，唯一的区别就在于这种资源是人，它拥有其他资源所没有的素质、协调能力、融合能力、判断能力和想象能力。我国目前还处于社会主义初级阶段，已经进入了社会主义新时代，但总体而言国家经济水平还相对落后，图书馆现代化的实现还有一个过程，换言之，传统图书馆在我国还有较长一段生存时间，因此，充分调动开发图书馆的人力资源显得尤为重要。

一、图书馆人力资源管理的概念

1. 人力资源与人力资源管理

如果把图书馆看作是一个人造的开放系统加以管理的话，其管理内容可以分为人力资源管理、资源管理、经费管理、基础设施管理、时间管理、信息管理等几大方面，其中人力资源管理是至关重要的因素。在图书馆的科学管理中，最能动的资源是人力资源，其余资源需要人去使用、去支配，因此，实行图书馆的科学管理，人力资源的管理与建设是核心问题。如何有效地发掘、科学地管理、合理地使用图书馆的人力资源，如何使人才结构始终处于最优化状态，这是图书馆人力资源管理所要解决的关键问题。

人力资源，也称劳动力资源，是指一定时空范围内具有劳动能力的总人数，是劳动者在创造社会物质和精神财富时脑力与体力的总和。从现代管理学的角度，很多学者也将其定义为"能够推动整个经济和社会发展的依附于劳动者身上的各种能力和素质的总和"。从宏观上说，人力资源是与物力资源和财力资源并列的世界三大资源之一；而从微观上看，人力资源与物力和财力资源一起，是图书馆及其服务的三大构成要素。从现实的应用形态来看，人力资源包括人的体力、智力、知识和技能四个方面。

人力资源管理，就是从组织管理的角度，通过对人员的招聘、调配、控制、培训等手段，使组织内的员工与组织的工作保持最佳比例，达到最佳状态，以促进组织不断发展、不断实现组织目标的过程。用人制度、绩效考核制度、工资制度、劳动定额、人员编制以及人员培训、人才开发等，都是人力资源管理的内容。人力资源管理强调合理配置、科学用人。它所致力的是建立合理的用人机制，采用恰当的激励措施，充分调动人的主观能动性和工作积极性，促进人才合理流动，使组织中的人能够人尽其才。其核心内容是对员工的知识技能的培养和潜能的开发利用。

2. 图书馆人力资源管理

图书馆的人力资源是指所有从事图书馆工作的在职人员的总和，或者说是指为图书馆创造物质财富和精神财富，具有从事智力劳动和体力劳动能力的工作人员的总和。它是图书馆组织中最重要的资源之一，在图书馆工作中发挥着主导作用。

图书馆人力资源管理是指为了顺利地实现既定目标，而对图书馆人力资源的获取、开发、保持、利用进行的系统化管理的活动过程。具体地说，就是在图书馆的管理活动中，形成、培养、配置、周转、爱护、保全组织成员，建立组织及其成员之间的良好的劳动关系，充分挖掘组织成员的劳动潜能，调动其积极性、自觉性、创造性，以实现组织目标的全过程。图书馆人力资源管理的目的就是通过人力资源的合理调配与培训，建立图书馆组织机构与工作人员之间的良好的互动关系，实现图书馆各种资源与人力资源的最佳结合。

二、图书馆人力资源管理的内容

图书馆人力资源管理可以分为宏观的人力资源管理和微观的人力资源管理。

1. 宏观的图书馆人力资源管理

所谓宏观的图书馆人力资源管理是指决策者与管理者在图书馆管理活动中进行的人力资源战略规划，制订人力资源发展的方针、政策，分析与预测图书馆人力资源的存量与需求，控制与评价人力资源利用的管理过程。通常宏观人力资源管理都由国家主管部门和机构进行决策与实施。

2. 微观的图书馆人力资源管理

所谓微观的图书馆人力资源管理主要是指具体制订图书馆的人事管理制度与相关的方针、政策，确定人员编制，规定人员的业务职称标准和考核标准，明确岗位要求与薪酬制度，配备与培训图书馆工作人员，协调图书馆各部门人力资源关系等各项图书馆管理活动的过程。可以说宏观的图书馆人力资源管理关键在于营造图书馆人力资源使用的社会环境，微观的图书馆人力资源管理则侧重于对图书馆工作人员的录用、选拔、培训、使用、考核与奖惩等具体指标的制订与运用。微观的图书馆人力资源管理一般都是由图书馆的人事管理部门来执行与完成的。

三、图书馆人力资源管理的根本性

图书馆的一切活动都是由人来完成的，对决策起决定性作用的也是人，资金和设施反映的是一个图书馆目前的规模，人力资源反映的则是图书馆未来的前途。图书馆馆员是图书馆信息资源数据库的建设者和维护者，是信息资源与读者用户之间的桥梁与纽带，是高知识含量信息产品的设计者、生产者和操作者，而具有创新精神的图书馆馆员正是图书馆发展的内在动力。尽管 21 世纪的图书馆是数字化、虚拟化、高度自动化、网络化的，但面对新技术的挑战，人的因素始终是第一位的。现代化技术本身凝聚着人类的巨大智慧，操作和运用这一技术同样需要丰厚的人力资源。

四、图书馆人力资源管理的原则

1. 以人为本，以思想和行为为中心

这是图书馆人力资源管理基本思想的具体体现。图书馆工作人员是图书馆的第一资源，图书馆的各项服务工作都要通过他们来完成，图书馆形象的塑造也要通过他们来实现。因此，有的专家称图书馆的工作人员是图书馆工作的生命与灵魂。人力资源管理工作不仅是一门科学，而且还是一门艺术，它能使人尽其才，才尽其用，取得最佳使用效率。人力资源管理与其他任何一项管理的主要区别在于，人是有感情的，对待人最忌讳的是伤人感情，可感情问题的处理是没有特定的准则作依据、没有现成的规律可遵循的，它具有很大的随机性。一旦伤了感情，容易给工作带来障碍，而且短时间内要重新建立起良好的人际关系是很困难的，这就是人力资源管理工作的特点。因此，有必要将其作为一门学问上升到理论的高度来加以探讨。

在图书馆人力资源管理过程中，应该采取柔性管理策略，认真观察图书馆工作人员的思想和行为变化，注重维护图书馆工作人员的利益，强调对图书馆工作人员的人性化管理，以人为本，为图书馆工作人员创造良好的工作环境，使之努力实现图书馆的既定目标。

2. 以工作需要和个人能力为标准

这是图书馆人力资源管理指导思想的具体运用。图书馆人力资源管理的一个主要任务就是对各类专业技术人员的配备和使用。因此，怎样合理地构建图书馆组织机构与工作人员之间的互动关系，实现图书馆各种资源与人力资源的最佳结合，是图书馆人力资源管理的关键所在。要做到这一点，应注意因事择人、因材使用的管理规律。具体地说，就是根据工作岗位的实际需要选拔和使用各种专业人员，同时还要根据各类人员的能力和素质安排合适的工作，从而激发图书馆工作人员的潜能和工作积极性，产生极大的工作效益。应当充分体现人尽其才，才尽其用，科学地调动人的积极性和创造性，鼓励和表彰对图书馆事业做出重大贡献的人。同时人力资源管理制度应合理有效，能够引进人才、留住人才，为图书馆事业的可持续发展奠定基础。

所以，以图书馆的工作需要和个人的工作能力作为图书馆专业人员使用的基本原则是进行人力资源管理和人员配备的基本原则和要求，也是提高图书馆工作和服务水平，避免人力资源浪费的具体有效的举措。

3. 以人员均衡和图书馆团队为动力

在图书馆的发展进程中，随着各项工作的不断发展和变化，人力资源管理制度也发生了天翻地覆的变化，图书馆组织机构不断重组和演变，以适应社会发展的需要，保持与社会和图书馆发展的动态平衡，而这是以图书馆人力资源的专业结构平衡、年龄平衡以及知识结构的平衡为基础的。这就要求图书馆人力资源管理人员要利用各种渠道提供在职业务培训，进行继续教育，提高在职人员的工作技能和服务水平，提高他们的综合素质；通过引进高素质人才改善和调整图书馆工作人员的能力结构，组成科学合理的图书馆团队，用团队精神和力量推动图书馆事业的不断发展。

五、图书馆人力资源管理的要求

1. 树立图书馆人力资源管理的新理念

人力资源管理的核心理念是充分发挥广大图书馆工作人员在图书馆发展中的主体性作用，加快图书馆从传统的人事管理向人力资源管理的转变。传统的图书馆人事管理是指对人事关系的管理，人事管理过程主要包括进、管、出三个环节，管理过程中强调听从安排，重事轻人，甚至否定个人的需要和个性，这极大地影响了图书馆工作人员主动性、积极性和创造性的发挥。人力资源管理强调，把图书馆工作人员视作一种资源，运用现代管理方法，对人员进行科学合理的培训、组织和调配，充分发掘人才、培养人才及合理使用人才，同时对人的思想、心理和行为进行合理的诱导，充分发挥他们在图书馆发展中的主观能动性。传统的人事管理以事为重心，现代人力资源管理强调的是以人为重心，把人看成是具有内在的建设性潜力的因素，是一个组织在激烈的竞争中求得生存、发展，始终充满生机与活力的特殊资源。变人事管理为人力资源管理，绝非简单的名词转换和形式上的变化，而必须从思想、理论和方法应用上做根本性转变。

2. 做到图书馆人力资源的合理配置

合理的人力资源配置是人力资源管理的基础。简单地说就是将合适的人放在合适的位置上，真正做到适才适所。由于历史原因，图书馆人力资源常常采取一种粗放型的配置方式，且大多数人是一配定终身。人力资源配置应该做到科学合理。

要做到人力资源的合理配置，第一要预测岗位数量，按岗配人。第二通过竞争上岗实现合理配置。图书馆也要走出僵化模式，优胜劣汰，这样才能实现人力资源的合理配置。第三机构设置要合理。图书馆必须根据具体情况，对机构科学设置，做到精简高效。

3. 实现图书馆文化的人力资源激励功能

人力资源的激励是人力资源管理的核心。图书馆文化以其特有的魅力对文化行为主体产生激发、动员、鼓动、推进作用，从而能够实现人力资源管理的激励功能。事实上，图书馆文化不仅对馆员有一种"无形的精神约束力，而且还有一种精神驱动力"。优秀的图书馆文化，常常可以使图书馆馆员产生使命感与责任感。

图书馆文化的人力资源激励功能具体表现在以下方面：一是信任激励。只有使馆员感受到上级对他们的信任，才能最大限度地发挥他们的聪明才智。二是关心激励。图书馆各级主管领导应了解馆员的思想情况，帮助他们解决工作和生活上的困难，使馆员充分感受到大家庭的温暖，从而为图书馆事业尽职尽责。三是宣泄激励。图书馆上下级之间不可避免会产生矛盾和不满，领导要善于采取合适的方式，让馆员消气泄愤，满足其宣泄的欲望，从而使馆员能心平气和地工作。四是物质激励。物质激励是对馆员经验和劳动贡献的补偿，也是一种价值的体现。成绩突出，业绩考核优秀应给予奖励。当然，科学的考核制度是物质激励的重要组成部分。

4. 实现图书馆制度的人力资源约束功能

在图书馆日常管理中，也要形成一种心理约束氛围，增强行政手段的制约功能。图书馆依靠管理规范、各种规章制度约束馆员行为，而价值观、道德观、行为准则同样可以约束和规范馆员的行为，使图书馆人力资源管理进一步科学化和高效化。

图书馆的人力资源约束功能表现在：一是能使馆员的心理约束和工作制度约束一致起来，建设一支具有统一的价值观、一切行动听指挥、遵纪守法的馆员队伍，既发挥馆员的主体作用，又使每一个馆员明确自己的工作任务、目标、职责，并按照这些要求驾驭管理各种要素，尽职尽责地完成本职工作。二是能使自我约束与强制约束结合起来。图书馆管理的一个重要职能是启发和增强馆员自我约束、自我控制的意识和能力，而这种自我管理的意识和能力必须与规范化的工作纪律、规章制度、管理秩序等相匹配。一个群体的价值观念一旦成为馆员个体的自觉意识和希望，馆员们就会自觉地按照群体认同的价值观念待人处世和从事工作。三是能使事前、事中、事后约束相结合。在服务质量上，事先约束尤为重要，必须按规定、按制度、按要求执行，来不得半点马虎。长期形成的群体观念和道德行为准则，在馆员中能够起到潜移默化的作用，可以避免不良行为的产生。

人力资源管理是一种不同于以往的管理观念。它是一项庞大的系统工程，必须通过有计划、有步骤的工作，才能收到实效。目前，图书馆将面临全新的、复杂的、多变的技术与服务的新环境，通过人才培养、激励、使用等手段，最大限度地把图书馆各类人员的潜能挖掘出来，这已成为图书馆管理理论中最值得探讨和研究的内容之一。

第二节　图书馆人力资源构成研究

关于图书馆人力资源的构成与比例，包括人员数量、人员知识结构、人员学历构成等诸多方面，我国目前尚未有统一的明文规定。

一、图书馆人员数量配置

图书馆工作人员的数量除了与图书馆的工作任务有直接关系外，还与图书馆的规模、图书馆机构设置、图书馆具体工作条件以及图书馆的工作量有很大关系。在文化部颁布的《省（自治区、市）图书馆工作条例》（1982 年）中也对图书馆人员数量进行了具体规定：以五十万册图书、七十名工作人员为基数，每增加一万至一万三千册图书，增编一人。民族地区图书馆每增加八千至一万册民族文字图书，增编一人。行政人员一般不得超过总编制额的百分之十七。根据这个规定，不同类型的图书馆又有自己的人员数量计算方法。

1. 公共图书馆

根据图书馆的职能，从最基层的乡镇图书馆到国家图书馆，有共同的四项任务，即收集、整理、保管和流通书刊资料。以乡镇图书馆为例，根据我国现有的乡镇图书馆具体情况来看，人员基数应不少于 5 人，这是根据乡镇图书馆建馆的任务和藏书数量来确定的。如果新建的县级图书馆的藏书规模为 2 万册，那么其人员应为 5 名，并以此为基点，根据任务的增加和藏书规模和服务种类的增加适当地增加人数。这里给出的表 2-1 是公共图书馆人员基数表，包括随着基数增加人员增加的比例等，可以作为各个公共图书馆人员配备的参考。

表 2-1　公共图书馆人员基数表

级别	主要任务	藏书/万册	人员配备/名	增加基数/万	增加限额/万	最高人员数/名	备注
县级图书馆	采访、编目、管理、流通	2	5	1～1.5	30	21～30	由于各个地区图书馆发展不均衡，有的图书馆规模较大，自动化程度较高，提供的服务也较为齐全，所需人员数量相对较多
市级图书馆	采访、编目、管理、流通、辅导、参考咨询、数字资源建设与维护	5	20	1～1.2	100	95～110	
省级图书馆	采访、编目、管理、流通、参考咨询、数字资源建设维护、网站管理维护	10	50	1	500	520～600	

2. 高等学校图书馆

高校图书馆有别于公共图书馆，主要区别是其服务对象的不同，高校图书馆的服务对象主要是学校的师生，是为学校教学和科研提供文献信息保障的。我国早在 1981 年颁发的《中华人民共和国高等学校图书馆工作条例》中就做出了规定：以学生 1000 人、藏书 5 万册配备 15 名专业人员为基数，在此基础上，每增加 100 名学生、50 名研究生各增加 1 名专业人员；每增加 5 万册藏书增加 1 名专业人员；年平均进书量 1 万册配备 3 名专业人员；图书馆内的党政干部，研究和应用计算机及网络技术的相关人员，从事设备维修、装订等的技术工人，工勤人员，应根据实际需要另列编制。

根据这个精神，高校图书馆人员基数表见表 2-2。高校图书馆人员增加标准见表 2-3。

表 2-2　高校图书馆人员基数表

学校类型	主要任务	藏书/万	人员配备/名
综合性大学	采访、编目、管理、流通、参考咨询、数字资源建设与使用、读者教育、导读	50	70
专业性大学	采访、编目、管理、流通、参考咨询、数字资源建设与使用	30	40

表 2-3 高校图书馆人员增加标准

增加项目	增加标准	附注
1 万册书		
100 名学生		由于各高校图书馆情况各异，开展的
50 名研究生	1 人	各项服务项目有所不同，人品配备也会
20 名硕士以上		有很大差异
40 名教师		

二、图书馆人员结构配置

图书馆人员是图书馆事业的灵魂，是图书馆事业发展的基础和决定因素。培养高素质人才一直是图书馆界不停呼吁的问题，但是怎样才算是高素质人才至今没有明确的概念。其实，不同类型的图书馆，不同的时间阶段，需要不同的图书馆专业人才，这是图书馆界已经达成的基本共识。

一般而言，图书馆专业队伍的合理结构应当包括三个方面：其一是智力结构，为了便于清楚地测定，通常采取的认知智力结构的方法就是学历层次，是指图书馆全体人员中不同学历的集体组合；其二是专业结构，是指一个组织中成员的不同专业与职能所形成的比例构成；其三是年龄构成，是指一个组织中成员的年龄比例构成。

1. 层次结构

一个高能的整体型人才结构，必须由高、中、初这三个层次的人才，按一定的比例组成。而在单个层次中，各种专业的人才也应该有一个合适的比例。通常认为组织中人才的合理组成以正三角形最为理想，这个结构比较稳定，工作效率较高。这个三角形的构成见图 2-1。

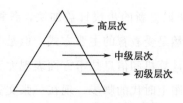

图 2-1 人员结构组合形态

这种组合形态由高、中、初三级人员组成。在三级人员中，有学术造诣较深的专家，一般是图书馆中的学术带头人。他们的手下有一定数量的中级人员，再下又有较多数量的初级人员。各个层次的人员在图书馆中所起的作用各不相同，大家都有所需求，有所贡献，互相配合，互相满足对方的需求。这种人员结构能较好地发挥整体效能，是一种理想中的人员结构形态。

2. 专业结构

图书馆工作所涉及的专业可谓包罗万象，最好的专业结构是"通才"或者"杂家"。另外，图书馆工作所涉及的专业还与图书馆的类型有关。例如，公共图书馆可能以图书情报专业知识、语言知识、信息检索知识、计算机知识为核心，而高校图书馆除此以外，还需要具备与学校学科设置相关的专业知识。

关于图书馆人员的专业结构，可以遵循以下三个原则。

(1) 专业互补原则

任何一个知识结构内的人才，即使其具备的知识再合理、科学，但也不是万能的，都有所长有所短。例如，对于外文期刊的管理与服务，除了内行的负责人外，还要配备具有专业知识的人才和具有较高外语水平的人才，这样取长补短，分工协作，实现专业互补，形成服务的整体力量。

(2) 知识互补原则

高级与中级人才一般均具有一定的理论基础和实践经验。但是在部门定岗问题上，一定要讲究高、中、初三级知识人才的配比，使各级知识有一定的比例，力求实现较佳的新老配合，以老带青，知识互补。还可以采取轮岗的办法，即某部门有专业特长的人才到其他部门去工作一段时间，以弥补业务薄弱的环节。这种互补方法，对于调整知识布局，培养新人，大有裨益。

(3) 终身学习的原则

进入 21 世纪后，知识更新的步伐日益加快，各种新知识、新技术层出不穷，尽管在校学习仍然是受教育的主要方式，但是学校的知识有时一毕业就成了过去的内容，在计算机和信息技术方面表现尤其突出。因此人们需要不断地学习新的知识以跟上时代的脚步。现在一张文凭定终身的格局已经成了明日黄花，终身学习已经成为一种时代潮流。

对于图书馆人员来说，应当根据自己的岗位和自己的知识结构，有计划有目的地进行岗位培训和业务学习，做到缺什么补什么。使自己的知识日趋合理，能适应现代图书馆发展需要。

实质上，一个图书馆的人才配备不能单纯地是图书情报人才、外语人才和其他学科人才的简单组合，关键在于建设具有多学科知识，又通晓某种语言，并具有相应图书馆学情报学知识的综合性的人才队伍。在此基础上再力求做到学科互补，进行各种人才的合理配备与组合。国外发达国家的经验值得我们借鉴。他们对每一个人员的知识结构的建立主要是通过双学位或在非图书馆学、情报学本科生中培养研究生的方式来解决这种双重知识结构的。对于我们国家来说，这种知识结构的建立可以通过在职培训来完成。

3. 年龄结构

对于年龄结构，图书馆的人员组成和其他部门应该是一样的，老、中、青结合，以下是某高校图书馆年龄结构具体情况，仅供参考。

高层次人员（研究馆员和副研究馆员）：平均年龄 45 岁，占 25%；

中层次人员（馆员）：平均年龄 40 岁，占 45%；

初级人员（助理馆员）：平均年龄 30 岁，占 20%～10%；

其余是管理员。

三、图书馆人员培养

图书馆事业的可持续发展关键在于人才。图书馆专业人才不仅是办好图书馆的重要条件，也是图书馆事业发展的基本保证。从我国现有情况看，图书馆专业人才的培养有多种途径，可以培养不同层次、不同需求的图书馆专业人才。

1. 学校教育

（1）图书馆学教育的兴起与发展

作为一门近代科学的图书馆学产生于 19 世纪初，确立于 19 世纪 80 年代。1807 年，德国的马丁·施雷廷格提出了"图书馆学"（bibliot-hekswissenschaft）这个专门名词。1886 年，K. F. O. 齐亚茨科在德国格丁根大学开设了历史上最早的图书馆学课程，次年美国的 M. 杜威创设了哥伦比亚大学图书馆管理学院。这些都标志着图书馆学这门学科正式地得到教育界的承认，从而真正确立起来。

（2）中国图书馆学教育的现状

中国图书馆学教育现有几个层次，分别是：

第一，高等专门教育。博士研究生教育：从 1991 年起，北京大学图书馆学情报学系招收图书馆学博士生，武汉大学图书情报学院招收情报理论与方法、目录学两个方向的博士生。硕士研究生教育：1981 年国务院学位委员会批准北大和武大两校图书馆学系具有硕士学位授予权。其后，又增加了华东师范大学图书馆学情报研究所等单位。研究生班教育：即从文、理、工、农、医和外语等专业的本科毕业生中招生，考试合格者再进行两年图书馆学情报学专业教育，毕业后两年内提交学位论文，经答辩通过后可授予硕士学位。

第二，普通高等教育。双学位教育：即图书馆学情报学专业的本科生，在学习专业课程的同时，选修其他专业的课程达到规定的学分，毕业时可获得两个学士学位。大学本科教育：学制 4 年，多数设在综合性大学（少数设在专科性大学）。20 世纪 80 年代不少院校改变了以文科为主的局面并分图书馆学、情报学两个专业招收学生，毕业时分别授予文学士和理学士学位。大专教育：学制 3 年，按招生和管理体制又分三种情况：一是经国家教委批准的统一招生的正规大学所办的大专班；二是由地方或部门批准，只限于某一地区招生的大专班；三是函授大学等。

第三，中等专业教育。在图书馆和情报部门中，从业的初级人才约占全部从业人员的 40%～60%。这些人有很多是接受了图书馆中等专业教育的人员。20 世纪 80 年代中期以后，全国陆续创办了图书馆学中专教育点 20 余所，它们有的由政府主管部门和图书馆主办，如湖南图书情报学校；有的由大学或中学主办，如复旦大学、浙江大学、沪光中学办的职业班；有的则由大企业创办。这种教育模式在当时图书馆刚刚恢复、起步发展时期，为图书馆各项工作步入正轨发挥了无法估量的作用。

（3）我国图书馆学教育的发展

国际上，图书馆学作为一门有两百年历史的学科，在信息化时代到来的时候，面临着一系列的机遇和发展，目前高科技数字化处理技术和网络传播方式的广泛运用，使图书馆也朝着数字化、网络化的方向发展。图书馆学必须将传统的信息处理流程加以改变，才能更好地适应日新月异发展着的社会。图书馆提供资料的内容日益丰富，其服务对象也更加淡化了地域和时间的限制，人们对图书馆的运用也更加方便。可以预见，图书馆仍将处于社会信息交流的枢纽地位，其服务功能必将加强。

在我国，图书馆学事业虽已取得了巨大的进步，但远未达到完善的程度。当今社会处于一个信息化快速发展的时期，信息成为人们每天面对的生活内容，获取利用信息是人生成功的关键。图书馆学作为一门研究处理、保存、利用社会总信息的学科，面临着巨大的需求和机遇。目前学科发展正处于与数字化、信息化技术相交叉的时期，随着我国社会需求、科学技术的发展，图书馆的传统功能将有一部分萎缩，如何更快捷不受限制地获得信息，成为人们关注的问题。因此图书馆必须实现数字化、网络化，以便于更好地利用、交流信息。传统意义上的图书馆将有部分被虚拟网上图书馆所代替。目前各大图书馆均已相继建立起自己的网站，已然大大加强了图书馆的功能，也为社会提供了极大的便利。但应看到，目前也存在着网上资源量不足、内容分类不尽合理的问题，但这一切都是图书馆事业发展中所必然要面对的问题。

图书馆学作为一门应用性和方向性比较明确的学科，随着社会文化事业的发展，正处于一个大发展的时期。因信息化技术的深入影响，图书馆建设面临着数字化、网络化的发展机遇，因此对相关从业人员提出了更高的要求。该专业领域所需求的人员除必须具备一定水平的图书馆学知识外，更应该掌握一定的计算机、网络知识及软件编制等技能。该专业对从业人员的要求必将以多学科人才、交叉学科人才为主。单纯掌握传统图书馆学知识的人员就业领域被进一步缩小，相反一些其他学科而又为图书馆建设所需求的人才会介入这一行业。可以预见，随着社会的发展，这一趋势会进一步显现。

2. 在职教育

（1）在职教育的必要性

我国图书馆的现状与发展决定了我们必须培养和造就一支素质较高的专

业队伍，而学校教育无论在时间上还是数量上都无法满足这个需求。即使是接受了学校正规教育的人才，由于科学技术发展的日新月异，这些人在图书馆的实际工作中也需要不断接受新的知识和技术的培训，不断更新自己的知识结构，以适应图书馆发展的需要。因此，人们获取知识的途径主要是在职教育而非学校教育。学校教育只是教育的基础，而在职教育则是教育的深入和发展，能够使一个人达到成才。

（2）在职培训的方式

第一，函授与业余学习。图书馆人员参加函授学习可以不脱离工作，以自学为主，结合实践学得比较系统的理论与知识，国家也可以节省大量经费，多培训人才。

在改革开放初期，函授教育在我国图书馆界发挥了很大作用，一大批在工作岗位上的业务骨干在不影响工作的情况下，通过函授学习，既提高了自己的业务素质，全面系统地掌握了本专业的基础理论和基本知识，也为今后更好地为图书馆工作奠定了基础。

第二，进修。顾名思义就是要有一定的业务理论基础，具有相当的自学能力，能在学后发挥预期的作用。这是提高图书馆在职人员业务能力，便于以后深造和工作的一种培训形式。进修可以按照专题举办，也可以将专业基础知识作为主要内容。进修的时间一般是1～2年。我国有很多高校的图书情报专业都定期举办在职进修班，许多省、市的图书馆学会也经常根据实际需要开办进修班。

第三，短训班与岗前培训。这是对图书馆在职人员进行业务培训的一种重要形式。它比较容易筹办，可以就地进行，不仅节省经费，而且针对性较强，内容实际，师资容易解决，规模可大可小，时间可长可短，见效快。短训班要从工作实际出发，结合工作任务安排具体内容，避免重复，同时要及时检查学习效果，调整学习内容。

岗前培训是使新馆员迅速成长的必要条件。图书馆可通过举办入馆教育培训班，请专家和图书馆专业人员作馆史、馆风、规章制度、机构设置和馆藏情况的介绍；还可通过老馆员的业务"传、帮、带"等方式，使之迅速掌握本岗位的工作方法和技能，以胜任岗位工作。岗位培训是对馆员进行知识完整性和系统性教育，图书馆可以根据不同时期的工作需要，有计划地选派业务骨干进行参观学习，使其开阔视野。还可请专业人员进行业务讲座，能者为师，相互学习，取长补短，从而造就一批一专多能的有用之才。图书馆是知识的海洋，图书馆馆员可利用"近水楼台先得月"的条件，不断学习，完善自己。

第四，专题研讨会。专题研讨会可以以几个业务能力较好的馆员或者图书馆专家为基础力量，组织一些有长期图书馆工作实践经验的馆员参加，结合图书馆实际工作需要，定出题目，并围绕这个题目做一些研究工作，撰写论文，在研讨会上宣读发表。有条件的图书馆，可以通过考试选拔出造诣较深的图书馆馆员，作为培养的重点，营造积极向上的学术气氛，带动新手努力学习，刻苦钻研业务。这样可以带动整个图书馆事业的向前发展。

第五，在线学习。利用方便快捷的互联网，通过网络课堂选择自己需要的内容，在自己方便的时间，有针对性地学习。这种现代化的学习方式不仅形式多样，时间灵活，而且把枯燥的学习变成了喜闻乐见的多媒体形式，通过简单的鼠标点击就可以完成学习任务。在网络环境日益成熟的今天，这种学习方式正被越来越多的人所接受。

图书馆人员的培训方法很多，对于不同的人员应当采取不同的方式，学习不同的内容。例如，对于新参加图书馆工作的人员，如果不是图书情报学专业的，可以进行图书馆基础知识的补充，使他们的知识结构适应图书馆工作的需求。对于从事图书馆工作多年，有一定实践经验，比较系统地掌握了图书馆学基础理论的人员，应该鼓励他们参加一些学术研究与学术交流活动，提高他们的业务素质。对于图书馆的管理者，也应当进行培训，对于他们来说，也要根据情况学习，力求达到图书馆事业对他们的基本要求。应当多注意管理科学原理、方针政策、工作方法等方面的学习。

第三节　图书馆人力资源开发研究

人力资源开发（human resource development，HRD）是人力资源管理的核心内容。

广义的人力资源开发是指国家或企业对所涉及范围内的所有人员进行正规教育、智力开发、职业技能培训和全社会性的启智服务，即是培植人的知识、技能、经营管理水平和价值观念，并使其潜能不断得到发展和最充分发挥的过程。广义的人力资源开发通常是指以国家为主体的宏观的人力资源开发。

狭义的人力资源开发专指有组织的人力资源开发，是指组织借助于教育培训、激发鼓励、科学管理等手段来把员工的智慧、知识、经验、技能、创造性、积极性。当作一种资源加以发掘、培养、发展和利用，以提高员工能力水平和组织业绩的一种有计划的连续的工作。狭义的人力资源开发通常指以组织为主体的微观的人力资源开发。

无论是广义的人力资源开发还是狭义的人力资源开发，其本意都是对人的才能进行开发，把人的智慧、知识、经验、技能、创造性、积极性当作一种资源加以发掘、培养、发展和利用，以提高人的才能和增强人的活力。

一、图书馆人力资源开发的必要性

图书馆人力资源管理是图书馆进行信息资源建设和各项服务工作的前提和基础。而且，随着网络时代的到来，就图书馆而言，为在社会的激烈竞争中求生存和发展，必须走出传统管理模式，运用现代人力资源开发的方式，依靠先进理论和方法以及数字化、网络化等技术手段，对馆藏资源进行加工、储存、流通，以便更好地为读者提供文献信息服务。

1. 图书馆信息化的必然要求

社会的进步是推动图书馆事业发展的强大动力，科学技术的进步则为图书馆事业发展提供了有效手段。尤其是在当今信息社会，图书馆的工作人员是信息的提供者，他们的服务态度、职业道德、奉献精神及文化素质，在一定程度上代表了图书馆的形象，并影响用户对图书馆的认识与评价。而且，随着图书馆馆藏资源的多样化，印刷型馆藏与数字馆藏并存的复合型图书馆要存在相当长一段时间，传统图书馆那种简单的"借借还还""查查找找"的服务模式已被打破，图书馆面对的是不同用户、不同层次的需求，用户需求的多样化决定了馆员知识结构的复合化与服务内容的个性化必须得到加强。因此，图书馆工作人员应拥有高科技知识，有扎实和广博的知识结构和良好的心理素质。综上，对图书馆人力资源的开发能够使图书馆馆员不断适应和更新知识结构，适应社会发展的需要。

2. 提高图书馆效益的关键

图书馆界普遍认为现在很多图书馆对人力资源开发的力度和重视程度不够，馆员知识老化，跟不上时代的要求，馆员待遇相对较低、社会地位不高，图书馆缺乏吸引高素质（如 IT、信息开发营销、古文献开发、公关等方面）人才的能力。因此，图书馆要进行人力资源的开发与管理，以人为中心，把馆员作为图书馆的主体，为馆员实现自己的职业目标提供各种帮助。在目前吸引外界人才较困难的情况下，这无疑也是留住现有人才的一种有效手段，是提高图书馆效益的关键。

3. 图书馆提高竞争力的关键

图书馆人力资源的有效开发是图书馆提高竞争力的关键所在。目前，社会上能够提供与图书馆业务类似的服务机构越来越多，同时网络的奇迹般的崛起，使人们获得所需要的信息的途径发生了深刻变化，图书馆已经不是人们获得信息的首选或唯一途径，每个图书馆都面临着日益激烈的竞争形势。在这种情况下，图书馆要生存与发展，必须提高竞争力，提供独具特色的信息服务。这项工作只能依靠图书馆人力资源的有效开发，重视人力资源的培养。

通常，人们习惯把一个图书馆的信息储备量、服务水平等当作竞争的优势，这早已是过去陈旧落后的观念。当今社会，人们逐渐认识到图书馆的竞争实际上是人才的竞争。因为如果一个图书馆拥有许多信息源、一种特色的信息服务，可以占一时的优势。但随着社会的进步和经济的发展、科技的发达，这些优势终将会被更新的优势所替代，而一个馆的人力资源却是一种无法模仿、难以替代的最有持久力的资源。所以人才的管理才是图书馆真正的长远的竞争优势。谁能吸引人才、善用人才、培养人才，构造出一批杰出的人才群体，谁就能最终得到长远的发展。

4. 图书馆人力资源现状所决定

从当前各地图书馆工作人员的状况来看，主要问题就是整体素质水平很不适应现代图书馆发展的要求。具体表现在几个方面，一是文化水平偏低，中小图书馆更是如此。二是人才结构单一。中小型图书馆馆员没有接受系统图书馆情报专业教育的占绝大多数，有的也缺乏综合知识，掌握外语的更少。三是信息技术人才短缺。有关资料显示，我国图书馆专业信息人才不足10％，中小图书馆就更少了。更不足的是在图书馆的管理中，缺乏人力资本的概念，只是单纯从图书馆的业务技术管理和发展的角度来考虑，没有形成对于人力和智力的投入、产出、创新和发展的思路。在人事管理上侧重于编制管理，忽视人员资本管理。图书馆工作人员的职级和待遇既带有政府公务员管理的色彩，又带有科研单位科技人员管理的色彩。馆内各级负责人套用政府公务员序列，如局级、处级、科级等；其他人员套用科研人员序列，如研究馆员、副研究馆员、馆员等。这样的序列和评聘方法带有浓厚的政府行为和计划经济的影响。而且每个职级的人员数量也是事先由政府主管部门定下来的，职称论资排辈，不问能力高低，没有形成人才成长的良好氛围。由此导致骨干队伍特别是青年人才严重流失，队伍素质下降，工作效率低下，学术水平整体滑坡，不能为读者提供满意的服务，不能适应知识经济时代的客观要求。所有这些状况都要求图书馆必须进行人力资源的有效开发，促进馆员发挥自己的潜能，使他们感受到来自工作中的自我实现成就感，极大地改善图书馆的工作氛围，从而使图书馆和馆员实现"双赢"。

二、图书馆人力资源开发的目标

1. 合理开发和使用人力资源

要做到图书馆人力资源的有效开发，必须解决几个主要问题，一是图书馆馆员必须具有较高的思想觉悟和良好的职业道德、熟练过硬的业务技能、丰富全面的文化知识和健康的心理素质。二是图书馆人力资源的整体开发要围绕图书馆的工作目标合理规划，通过多种手段的有效配合，实现馆内各关系之间的整合，把人力资源的潜能转化为业绩。三是在人力资源的开发问题上，要考虑两个方面：一方面要敢于投资。在人才引进、使用、培养上，依据实际需要，进行必要的投资；另一方面要据实造才。

图书馆在选拔人才上，应坚持几个原则：第一，变伯乐相马为赛场赛马。要想方设法提供赛场，使各种人才有展示自己的机会；第二，不受传统观念束缚，最大限度地发挥各种不同类型人才的优势。为此，图书馆必须通过培训、继续教育、吸收其他专业领域人员、改善知识结构等手段，使人力资源的素质不断提高，以适应网络环境下藏书发展的需要，更好地为读者服务。

2. 实现人力资源的优化配置

随着信息技术的发展，图书馆在服务内容、服务方式等方面都发生了变化。图书馆工作要适应形势和发展需求，就必须合理规划和配置人力资源，从各岗位工作目标入手，对本馆人员进行综合分析，从而找出人力资源配置的最佳方案。

3. 提高图书馆馆员的交往能力

随着社会的发展和时代的进步，越来越多的人认识到：知识和能力不能完全画等号，人的能力比知识更重要。由于图书馆馆员的工作性质，每天要和大量的读者打交道。另外，图书馆工作又是一个整体，每个图书馆馆员与各个业务部门都存在着有机联系。因此，图书馆馆员的交往能力也非常重要。随着经济全球化，国内甚至国外图书馆之间人员往来、项目合作、信息传递日益增多，都要求图书馆馆员必须具备良好的人际沟通能力与合作能力。

三、图书馆人力资源开发的内容和方式

1. 实行聘用制以优化干部资源

在人力资源的管理和挖掘上提倡"以人为本"的管理理念，即把人作为图书馆最重要的资源，以人的能力、特长、兴趣、心理状况等综合情况来科学地安排最合适的工作，使馆员能够在工作中充分发挥积极性、主动性和创造性，从而提高工作效率、增加工作业绩。

以某高校图书馆员工为例，在学历层次上，硕士研究生学历者占员工总数的 4%，本科学历者占 40%，大专学历者占 35%。在职称结构上，副高以上占员工总数的 22%，中级占 46%，初级占 6%，工人占 26%。以上数据表明，高校图书馆工作人员的整体素质在提高，"知识型员工"所占比例越

来越大，图书馆馆员渴望自己的能力能充分发挥并有更大的发展前途。该馆为实现以人为中心的人力资源管理，根据高校对基层干部选拔任用的有关精神，结合图书馆的实际，首先对全馆的主任岗位和助理岗位在全馆范围内实行竞聘上岗。参加竞聘者除从思想政治素质、工作能力、业务能力、学历、年龄等几个方面进行全面考核外，对一些专业性程度高、技术性强的业务部门主任的任职条件还提出了严格的、具体的职责要求。竞聘结果证明，这种竞聘方式既现实又具体，真正做到了人尽其才，才尽其用，使图书馆人力资源得到了较为合理的配置，优化了干部队伍，从图书馆人力资源中挖掘出一批德、能、勤、绩俱佳的优秀人才。

2. 建立健全图书馆人力资源管理制度

对图书馆管理干部进行考核与评价，评估他们的工作表现、工作能力、工作纪律等，是对干部聘任后管理的主要内容，也是加大图书馆人力资源开发力度，提高工作效率的重要环节。

（1）干部述职

还以某高校图书馆为例，在图书馆的每一位员工都熟识了《关于图书馆部门主任、业务骨干等岗位竞聘上岗》条例后，用书面形式陈述自认为可以胜任的岗位。由于在《图书馆岗位竞聘报名表》中有"本人主要工作业绩""工作思路及预期达到的工作目标"等栏目，馆领导既可以从干部述职中了解其学历、职称、业务能力、对工作的熟练程度，又对其今后的工作思路及预期目标做到了心中有数，同时还从另一个侧面了解了员工的书面表达能力和应变能力。如果这位同志被聘用，那么这份报告还可作为馆领导考核该干部工作绩效的依据。

（2）业绩考核

业绩考核主要是馆领导依据述职报告中提出的工作思路及预期达到的目标，对员工工作能力进行的一种考核。若该干部"言"符其实，那么能促使图书馆人力资源的利用向健康、良性的方向发展，若是"言"过其实，或是没达到预期目标，可帮助其分析原因，通过分析再来决定取舍。

（3）年度综合考核

对干部一年的工作表现、工作态度、协调沟通能力、是否参加继续教育、是否发表论文等进行考评，并要求其写出年度工作总结，制订下年度工作计划，提出今后工作发展建议及改进事项。最后，通过群众评议、民主集中，使其对干部一年的工作有一个准确的结论。

3. 建立健全图书馆干部培训制度

随着图书馆数字化、网络化时代的到来，图书馆馆员必须不断提高自身的文化素质和知识技能，才能适应现代化图书馆工作发展的需要。在积极鼓励不同形式的进修、培训、对口交流的同时，图书馆应加强本身的培训工作，让更多的图书馆馆员加入学习新知识、新技能的行列中来。

（1）加强思想政治教育以提高干部的理论素质

培训内容应围绕以下几个方面进行：一是对当前政治形势进行学习和探讨；二是讨论和修订图书馆的规章制度；三是完善图书馆质量管理体系，对如何落实图书馆二级目标责任提出自己的建议和看法；四是对图书馆今后的发展方向提出合理化建议。

（2）以多种途径和全面参与来提高馆员的业务素质

图书馆服务质量75％来自图书馆馆员的素质，在网络环境下图书馆馆员要真正担当起信息专家、信息向导、信息管理者、信息顾问、系统专家的角色，就必须具有较强的现代信息知识和广博的专业知识。现在，各图书馆都注意到了馆员继续教育这一问题，除允许馆员利用业余时间参加多种形式的再教育学习外，还要求馆员轮流参加各种知识讲座，以了解图书馆数字资源中一些中外文数据库的使用方法及查找技巧，了解一些新增的数据库。同时，还利用业务学习时间进行计算机技能培训、网络知识培训，对受训人员进行成绩考核。通过这些途径来提高图书管理员的计算机网络应用能力以及管理和获取各种文献信息的能力。

4. 建立并完善图书馆馆员继续教育机制

首先，教育规范化。把继续教育列入主要议事日程，规定图书馆馆员接受教育的学科、专业、内容、学时和目标，并建立考核和鼓励制度，不断提高图书馆馆员工作水平。其次，教育培训的多样化。根据馆内不同层次人才的需要，既要有专业知识的培训，又要有计算机、外语或其他学科的培训；既可开展在职培训、脱产培训，又可开展强化培训、升级培训和训练式指导培训。再次，教育模式的立体化。除了鼓励图书馆馆员自学外，图书馆还可根据图书馆馆员的岗位设置与专业需要，选择培训模式，建立既可选择自身教育机构培训，也可委托有关院校代为培训等相互衔接、相互渗透的继续教育培训体系。

5. 提供有效的人力资源开发途径

从目前大多数图书馆的情况看，传统的图书馆一方面缺少适应现代图书馆需要的高素质人才，另一方面又缺少人员继续培训机制。图书馆馆员很少有脱产学习甚至是参加短期培训的机会，这也是造成图书馆工作人员整体素质较差，工作效能低下的一个重要原因。为改变目前这种状况要从多方面入手。

可在本馆内部建立培训中心，对馆员进行定期培训，组织馆员进行学习交流和信息沟通。

可邀请专家学者进行学术讲座，使馆员能及时了解学科新动向，开阔视野。

对专业性特别强的岗位要选派相关人员进修学习。

鼓励脱岗深造学习，鼓励馆员接受学历教育，并在鼓励馆员攻取本专业学历的同时，倡导攻读第二、第三学历，培养知识全面的复合型馆员。

建立一套有效的学科馆员制度，培养学科专业知识过硬，计算机、外语水平较高，个人综合能力强的学科馆员，使图书馆馆员能够真正参与到各项科研开发中来。

6. 建立健全人力资源开发利用的机制和体制

任何管理者都知道，工作效率的高低取决于员工是否能自觉地、主动地发挥积极性和创造性。图书馆业务面广，各部门工作强度不平衡，不同岗位的馆员工作能力要求也有所不同。而长期以来，能力高低一个样，干多干少一个样，干好干坏一个样的管理机制却一直占据着图书馆管理的主导地位，这种分配不公的现象导致馆员工作热情不高，缺乏工作的主动性和积极性，而作为图书馆第一要素的人力资源的工作态度，直接影响着图书馆的内部服务质量和对外形象。建立考核制度，让工作效益与个人利益挂钩，是提高工作效率，加强人力资源管理的重要环节。各部门要认真做好平时、年度、聘期内的考核工作，将考核结果与干部职务的升降、员工的任职挂钩，逐步形成一个"能者上、平者让、庸者下"的有效竞争机制，以激发馆员的主观能动性。只有通过激励机制，奖勤罚懒，按业绩、按劳动量、按创造性来进行合理分配，打破平均分配制度，才能使员工在工作中真正发挥其积极性和创造性，保证图书馆事业持续发展。

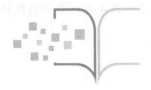

第三章
图书馆财力资源
管理研究

图书馆财力资源管理也称图书馆财务管理，其目的是为图书馆创造良好的理财环境，从而为图书馆开展各项工作提供物质保障。

第一节　图书馆理财环境

一、图书馆理财环境涵义

所谓环境就是存在于研究系统之外的，对研究系统有影响的一切系统的总和。基于这个观点，如果把图书馆的财务管理作为一个系统，那么，图书馆财务管理以外的、对图书馆财务管理系统有影响的一切系统的总和便构成了图书馆财务管理的环境，又称理财环境。

二、图书馆理财环境分类

按照不同的标准可以将图书馆的理财环境分成不同的类别。

1. 按图书馆理财环境的范围分

按照图书馆理财环境的范围大小，可以将其分为宏观理财环境和微观理财环境。宏观理财环境是指在宏观范围内普遍作用于各个系统、各个地区的各类图书馆财务管理的各种条件，一般存在于图书馆的外部。图书馆是整个社会文化教育体系中一个单元，整个社会文化教育体系是图书馆赖以生存和发展的土壤和基础。社会经济的发展、市场的变动、政策法律的变化以及国际经济形势的变化等，都会对图书馆财务管理产生直接或间接的影响，有时还会产生严重影响。微观理财环境是指在某一特定范围内对图书馆财务活动产生重要影响的各种条件。这种微观环境通常与某些图书馆的内部条件直接或间接相关，从而决定着某种或某类图书馆所面临的特殊问题。

2. 按图书馆财务管理环境的稳定性分

如果按照图书馆财务管理环境的稳定性分，可以将其分为相对稳定的理财环境和显著变动的理财环境。和其他任何事物一样，图书馆的财务管理也是在发展变化中的，但是变化有所不同。有的理财环境变化不大，如图书馆的地理环境、根本宗旨等。对于这些条件一旦认清后，如无特殊情况，在图书馆财力资源管理中可以视为已知条件或不变动因素来考虑。而有的理财环境往往处于显著变化的动态发展过程中，如图书和报刊的价格、经费的增长等等。对于这些变化的理财环境，在进行财务管理时，要及时观察和发现其中的变化苗头，分析其变化的趋向和影响，做出准确的财务预测和正确的决策。

3. 按图书馆财务管理的影响原因分

如果按照影响图书馆财务管理的影响原因，又可以将理财环境分为经济环境和政策法律环境。经济环境是指影响图书馆财务管理的各种经济因素，主要包括经济周期和经济发展水平。经济周期是指经济发展的波动周期，即经济发展经历复苏、繁荣、衰退和萧条几个阶段的循环时间。图书馆的筹资、投资以及资产的运营管理等理财活动都要经受这种经济波动的影响。政策法律环境是指图书馆在正常的运行过程和服务工作中，常常要和国家、出版社、书店、其他企业或社会组织、图书馆职工或其他公民以及国外组织或个人发生经济关系，在这个过程中图书馆需要遵守的各种政策、法律、法规以及规章制度等就是图书馆理财环境的政策法律环境。国家政策和法律为图书馆理财活动规定了活动的空间，也为图书馆在相应空间内自由运作提供了强有力的保护。例如，我们国家先后出台了各种文化事业管理办法和若干规定，这些都是图书馆理财活动的准绳和尺度，它们共同构成了图书馆财务管理活动的政策法律环境。

第二节　图书馆经费

图书馆经费是创办图书馆、发展图书馆事业和维持图书馆日常活动的资金，是图书馆存在的基本条件。

在我们国家，各类图书馆都划归为事业单位，其经费在现阶段主要来源于国家的财政拨款。通常只是图书馆编制一个财政预算，划分几个项目就可以了。但是，从科学管理的角度来讲，图书馆有责任和义务监督使用经费，并使经费的使用科学合理。尤其是在现代社会，信息资源海量增加，一个图书馆不可能也没有必要购买全部的资源，必须经过深入的调研，把有限的经费用在合理的地方，正如俗话说的：好钢用在刀刃上，只有这样才能获得最大的经济效益。

和发达国家相比，我国图书馆事业的经费投入总的说来数量不足，这是不争的事实，也是困扰图书馆事业发展的一个主要问题。尽管这几年图书馆的经费大幅度提高，但是与成几何指数增长的资源费相比，与资源涨价的幅度相比，图书馆的经费仍然无法摆脱捉襟见肘的尴尬局面。所以，对图书馆经费实行科学管理就显得十分重要，这样可以避免不必要的重复和浪费。

一、图书馆经费的确定

在图书馆的财力资源管理中，首先面临的问题是图书馆经费的确定。不同类型的图书馆，其经费的确定方法有所不同。本书以比较典型的公共图书馆和高校图书馆为例进行经费确定方法的介绍。

1. 公共图书馆

公共图书馆的经费大都实行经费开支包干制度，但是，都是起点很低的基础上的包干，有关的图书馆工作条例也没有做出具体的规定。公共图书馆经费的使用通常考虑几个方面：图书期刊购置费（含数字资源）、业务加工费、工作人员工资、行政办公费、设备购置费、业务活动费等。在包干预算增长率不太大的情况下，如果书刊本身的价格调整或者工作人员工资增加，那么购置书刊的经费不仅不能增加，反而会下降。所以科学地对图书馆经费进行管理就显得十分重要。

一般地讲，公共图书馆经费的确定方法理论上有两个，一个是根据国民经济总收入，确定一定的比例。从我国情况看，目前还不易执行。因为我国幅员辽阔，各个地方经济发展不够均衡，以从国民经济总收入中提取一定比例来说，不少地方可能就不会有图书馆的经费了，即使有也是很低的。另外一个方法就是以地方人口的数量作为确定图书馆事业经费的根据。但是这同样也有不足之处，因为我国人口分布极不均匀，有的省市人口稠密，有的省市人口又过于稀少，如果单纯以人口的数量作为图书馆事业经费的依据，也会有失公允。

比较上述两种方法，公共图书馆在长期的实践中总结出了理论联系实际的办法，即按图书馆工作人员的数量确定图书馆经费。它的最大优越性是图书馆事业的发展有一定的保证。因为经费按人头计算，每一个图书馆除人员工资、办公经费外，会有一定的比例进行藏书补充和业务建设。但是，这种方法也有一定的缺点，有的地方为了争经费，在图书馆安置一些不适合图书馆工作的闲杂人员，助长有的图书馆争人员、争经费、多买书、又多要人、多要经费的不良循环。

2. 高校图书馆

目前，我们国家对高校图书馆事业经费的投资已经做了比较明确的规定，即：中华人民共和国高等学校应重视藏书建设的投资。书刊资料购置费应保持稳定，在全校教育事业费中应占适当比例，一般可参考5%左右的比例数，由学校研究决定。

按照这个精神，对高校图书馆的经费又做了进一步明确，通常情况下是，综合性大学、文科大学以及师范大学的图书馆，其经费占全校经费的5％左右，而理工科大学图书馆的经费是全校教育经费的3％～4％。

在确定图书馆经费时还有一个重要因素，即全校师生总人数，根据学校的办学规模和学校的性质和条件，每人每年最低 10 元，高的可以达到 50元。对于新建图书馆或者基础条件较差的还应加大投入力度。

二、图书馆经费的来源

早在 19 世纪，就有许多国家对图书馆经费的来源做出规定，如英国议会 1850 年通过的《公共图书馆法》规定图书馆经费从税收中提取。1975 年美国图书馆协会批准的《美国学院图书馆工作准则》规定，不包括基建和维修费用，图书馆预算不能低于学院教育与综合费用总和的 6％。

在我国，图书馆经费来源通常有以下几方面。

1. 政府拨款

包括由国家或地方财政预算拨款（用于图书馆创办费、经常费、基建费，是图书馆经费的主要来源）和由政府资助或临时拨款两大类。政府资助图书馆事业的形式有以下几种。

（1）经营性资助

对那些社会需求量大，又具有较好经济效益和社会效益的图书馆，由政府提供经营性的财政资助，使其充分地开展活动。

（2）辅助性资助

对少数民族地区、边远地区、经济科学文化不发达地区，凡图书馆事业不发达者，提供经济援助，促其发展。

（3）专项资助

对某些社会需求大、成本高、投资大的项目，或一个馆的财力无法承担，由政府财政进行资助，如新技术研究、联机检索、联合编目、馆际互借、全国总书目等。

（4）激励性资助

规定一笔金额分别资助给所属图书馆，凡接受这笔金额的地区单位必须从自己预算中另拨出一定比例的经费补助同级图书馆，否则不予资助。目的在于激励各级政府、企事业单位对图书馆投资的积极性。

2. 企事业单位和社会团体从本单位预算中为所属图书馆拨款

例如，高校图书馆和科研院所图书馆的经费都是单位经费预算中的一部分，包含在学校或研究所总经费中。

3. 社会团体和私人捐赠

这种形式的经费来源是图书馆获得经费的一种重要补充，在国外图书馆界尤其重要。如美国私人和各种基金会每年用于图书馆的捐赠达到 3600 多万美元。美国钢铁大王安德鲁·卡内基为图书馆事业资助了 3.3 亿美元，占其全部家产的 90%。我国建有许多由个人捐资建设的图书馆，例如各地区的"逸夫图书馆"等。

4. 图书馆自筹资金

主要有：商业性出租图书馆和个体所有制图书馆通过自身服务取得经费；开展有偿服务，在免费服务的基础上，在不影响图书馆职能范围内，对某些特殊服务对象和服务项目以及成本昂贵的图书馆专用设备收取一定费用，以补偿图书馆的消耗；在图书馆业务范围外开辟新的经济来源。

第三节　图书馆财力资源管理内容研究

图书馆财力资源管理主要研究的是图书馆经费的分配、筹集、使用及经费支出是否符合预算，是否有利于图书馆事业整体发展。通常包括以下几个内容。

一、图书馆经费预算管理

图书馆是一个实践性很强的学术性服务机构，对于经费必须要有预算，图书馆事业才能顺利发展。所谓经费预算就是根据图书馆建设规划，制订出经费使用原则和每年经费使用计划，这就是经费的预算。公共图书馆经费预算是单独编制的，高校图书馆其经费预算列入了学校的总预算。

1. 图书馆经费的种类

图书馆的经费可以分为两类：一是创办费与基建费，包括新建或扩建馆舍、增添设备、美化环境、一次性文献购置费等，总称一次性经费或临时性经费；二是图书馆维持费，也称经常性经费或多次性经费，一般包括：人员经费、图书资料购置费、设备费、馆舍修缮费、行政费、业务费（包括图书馆业务研究、学术交流、网络活动费用）及其他费用。维持费中的各项比例，因图书馆类型、规模和经费的差异而有所不同。

2. 图书馆经费预算编制原则

编制图书馆的经费预算是图书馆经费管理工作的第一步，图书馆的预算周期一般是一年。编制预算时要注意几个原则。

一个是要能使主管部门对图书馆有待解决的问题有较为深刻的认识，并提出哪项待解决的问题应当是优先解决的问题，给出充分的理由，使其信服。二是制订出图书馆本年度发展计划和目标，最好能具体地制订出执行计划的标准，这样将对争取经费产生有利影响。三是在编制预算时，要将图书馆馆藏资源的装订费及破损修补费列入预算，否则等到需要装订修补时会无经费可使用，从而影响文献的正常流通。一般地说，装订费是图书馆印刷型馆藏经费的 10％左右即可。四是注意书刊经费的逐年增加。尤其是面对书刊价格的大幅度上涨，购置书刊的经费必须保证合理的增加，才能不至于因书刊涨价而影响藏书建设。所以在编制预算时务必考虑这个因素。五是编制经费预算时要考虑到一些意外开支，例如，节假日的加班费、馆内一些临时性的工作需要雇请人员完成等，这些都要预算在意外开支中。六是预算要突出重点兼顾一般。对于图书馆，首先是要优先安排图书馆业务和图书馆资源建设，其次安排行政，再次是图书馆其他工作。

3. 图书馆经费预算影响因素

在编制预算时需要考虑下列影响因素。

一是国民经济增长速度和文献资料出版量的增长，以及物价上涨指数，图书馆预算一般应按比例每年有所递增；二是对每项工作或服务项目应规定支出的标准定额，有政府规定必须遵守的标准，也有由预算单位根据地方条件而制订的选用标准；三是要遵循国家现行的法令、法定的国家价格及物质标准和货币标准；四是要节约经费。

4. 图书馆经费预算编制的方法和技术

图书馆预算编制有多种方法，主要有下述几种。

行式项目预算，即按图书馆预算支出项目编制预算，计算现行开支，加上成本增加数、物价上涨百分比，就是来年预算。

一次总付预算，即有关部门每个财政年度把一定数量的资金分配给图书馆，由图书馆决定如何在几个用款项目之间进行分配。

公式预算，即用已经确定的标准来分配资金。

计划预算，即根据图书馆所提供的计划或服务分配财政资源。

经验预算，即根据过去的经验，预测下一年度图书馆所需经费数额。

零基预算法，要求在讨论每年预算时，须从基数零点开始予以审议，然后根据每个项目的效果，确定资金分配。图书馆资料购置费的预算分配是图书馆经费预算的重要内容，它直接影响到图书馆馆藏发展和服务能力。

二、图书馆经费管理

图书馆的经费管理人员要注意严格控制预算，不可超支，但也要适当使用经费，避免出现预算剩余现象，影响下年的预算编制。因为所编预算未能依照计划完成，显然是事先考虑不周，或不能调查实况，空列预算，这是一种不切实际的行为。如果由于某种特殊原因，预算未能如期支出，可呈报上级申请延期。

1. 图书馆经费的财务管理原理

根据我国图书馆的现状，各类图书馆均属于事业单位，其经费依据用途可以分为人员经费、公用经费和基本建设经费三项。高等院校及科研院所的图书馆人员经费归属单位的人事和财务部门管理，图书馆实际上只使用公用经费，包括公务费、修缮费、设备购置费、资源建设费、业务费等。其中资源建设费包括书刊采购费、数字资源采购费、在线资源使用费等，这是图书馆一项主要的经费支出。

为了正常获得经费以保证开展工作的需要，图书馆每年应当根据读者对资源的需求，并按照各个部门提出的用款计划，编制财务预算。之后核准预算数，及时地、合理地分配资金。为了反映图书馆经费的核算对象，完成核算任务，需要采用一系列的专门方法。

首先要按财政部统一规定，按照资金来源、资金运用和资金结存，分别设置预算内和预算外的会计科目，再根据管理要求在这些总账科目之下分设明晰科目。其次是要确立一套记账方法，以求对图书馆内发生的每一项经济业务，做出符合实际情况的记录。再次是要以严格的凭证为基础来反映会计事项和登记账目，任何一项自己收支业务，都必须有收支凭证说明它的业务内容，并证明这项业务确已发生。最后是必须设置账簿，以全面地、分类地、连续地记录和反映经济业务，便于随时检查核对库存现金、经费存款及各项财产物资，办理对账、查账与结算，了解和考核预算执行情况，作为编制报表的依据。会计凭证与账簿都要按照规定妥善保存，不能轻易损坏和销毁。

必须严格按照国家规定加强库存现金管理，严密手续，保证安全。现金库存限额通常不得超过 3 天的日常开支。经费支出应该严格根据预算计划规定的用途和开支范围，按照国家确定的定额、标准和人员编制办理。购入的办公用品按购入数列为经费支出。购入的固定资产，经验收后列为经费支出，同时记入股东资产内。其余公用经费和业务费，按照规定批准报销的数字列为经费支出。需要说明的是，固定资产是指使用时间较长（一年以上）并能保持原来实物的财产，以及单项价值或价格在规定数量以上的财产。对于图书馆来说，有些单价虽然不高但耐用时间在一年以上的大量财产，如图书、数据库、桌椅等，也应当列为固定资产。对固定资产都要按造价、构架、工料费或估价计价进行登记，按增加与减少情况核算。消耗品也应当按规定分类进行核算与管理。

为了使单位领导、上级部门和财政部门能够及时掌握预算收支情况，需要按照规定的格式，将日常的核算资料进一步综合、分析和整理，总括地反映一定时期内的预算内、外资金收支活动情况，编制成图书馆财务报表。该报表应当情况真实、数字准确、内容完整、编制及时。可以分成月报表、季报表和年报表三种。

2. 图书馆经费的使用管理

我国的图书馆经费大多数花费在资源采购上，包括印刷资源和数字资源。图书馆经费的使用管理主要是监督和管理采购中出现的重复、复本量大或者采购学科超出范围等，即图书馆经费使用是否合理，这也关系着图书馆经费是否够用。具体地说，主要是看经费用得是否针对需要，是否量力而行。

为此，在采购馆藏资源时，首先应该注意它的政治意义和科学价值，考虑所要采购的东西在社会主义物质文明和精神文明建设中的作用，在教学、科研和生产中的作用，之后决定取舍。其次要注意，即使是满足需要，也并非什么资源都平均采购，要有重点地采购。例如，期刊中有核心期刊、一般期刊之分，按学术水平划分，有专业型、普及型之分等，每一种都有其特定的读者群。因此，在符合本馆收集范围之内的资源，也要反复斟酌，使每一种书、每一本刊都能充分发挥作用。再次，还要考虑复本量的问题，如果复本量小，则无法满足读者的阅读需求，复本量大则造成经费的浪费。每一种资源其复本量应该根据读者需求确定，不能千篇一律。

为了更好地管理图书馆的经费，要做好图书馆资源建设的计划工作，这是采购工作原则的具体体现，是保证完成图书馆各项任务的具体措施，也是进行具体采购工作的重要依据。只有按照科学、合理的采购计划进行采购，才能保证图书馆经费的科学、合理使用。

3. 图书馆经费决算

这是图书馆经费管理的最后一个环节，通过决算可为评价当年的经费管理和使用提供权威性的数据资料，并揭示其不足之处，为下一年度的预算编制提供参考信息。图书馆还须向上级主管部门提供结算报告，使其及时掌握图书馆经费预算的收支情况。

此外，图书馆财务人员应该随时注意经费的使用情况，防止图书馆的经费挪用问题。如果必须挪用，则应报请馆长批准，决定如何挪用，并协商余款或不足款的解决办法，以免发生偏差。馆长应对执行预算负全责，或者由一位副馆长代理监督图书馆的各项开支。

三、图书馆资产管理

图书馆资产是指图书馆占有或者使用的能以货币计量的经济资源，包括各种财产、债权和其他权利。

1. 图书馆资产类型

目前我国各类图书馆的资产类型概括起来说有这样几类。

（1）流动资产

这是指可以在一年以内变现或者消耗使用的资产，例如现金、存款、应收款项、预付款项和存货等。

（2）固定资产

这是指一般设备单位价值 500 元以上，专用设备单位价值 800 元以上，使用期限在一年以上，并且在使用过程中基本保持原有物质形态的资产。单位价值虽未达到规定标准，但耐用时间在一年以上的大批同类物资，也作为固定资产管理。

图书馆的固定资产，最常见的就是：馆舍、专用设备、一般设备、文物和陈列品、图书期刊以及其他固定资产。

（3）无形资产

是指不具有实物形态而能为使用者提供某种权利的资产，如专利权、商标权、著作权、土地使用权、非专利技术、声誉以及其他财产权利等。

2. 图书馆资产管理办法

资产类型不同，管理办法也不尽相同。对于图书馆来说，资产管理应遵循以下规定。

（1）建立健全固定资产管理制度

每个图书馆要建立健全固定资产管理制度，加强固定资产的维护和保养，制订相应的操作规程，建立技术档案和使用情况报告制度，及时了解和掌握固定资产的具体情况。

（2）建立健全固定资产验收和管理制度

对于购买和调入的固定资产，图书馆财产管理部门要进行严格的验收，同时图书馆财务人员也应参与验收工作。购进贵重仪器等专业设备和新建的房屋及建筑物竣工时,应有专业技术人员参加验收,以确保设备的质量。验收后的固定资产要及时入账并交付使用。在使用过程中对于各种资产要严格按照使用规范和流程进行,尤其是贵重仪器设备的使用,要经过专门培训,有专人负责。

(3)捐赠资产的管理

接受捐赠的固定资产,要按照市场价格和新旧程度进行折旧后入账,或者根据捐赠时提供的有关凭据确定固定资产的价值。如果接受捐赠固定资产时发生了一些费用,应计入固定资产原值中。

(4)健全图书馆固定资产的转让与报废制度

对于图书馆固定资产的转让或者报废,一般需要经过有关部门的鉴定与审核,并报主管部门或财务部门批准,具体审批权由主管部门确定。

(5)健全固定资产的盘点制度

要对图书馆的固定资产定期或不定期地进行清查盘点,在年度终了要进行一次全面的清查盘点,做到账、物、卡一一对应,对于清查盘点中发现的问题应及时处理。

第四章
图书馆建筑与设备
管理研究

建筑和设备是图书馆服务的场所和工具，也是图书馆必备的条件。如何创造这种合理的条件，如何运用这些条件开展图书馆各项服务工作，这是图书馆管理工作必须认真考虑的，是图书馆科学管理的又一个组成部分。

对于图书馆来说，其规模和功能不是一成不变的，而是随着时代的发展和科技的进步不断发生变化的。所以，其建筑和设备也在发生着变化，但其变化的根本目的就是要满足社会需求和读者需要。

第一节　图书馆建筑设计研究

这里的图书馆建筑管理，就是把建筑作为图书馆科学管理的一部分研究内容，主要立足于贯彻图书馆建筑管理的基本方针，研究合理使用已经建成的馆舍问题。图书馆的建筑方针与国家总的建筑方针是一致的，即实用、节约，并在有可能的条件下尽量美观。对于图书馆来说，不论是什么类型的图书馆，它都是一种公共建筑，更要注意美观，与周围的环境协调。

具体来说，图书馆的建筑包括书库、阅览室、办公室、机房等，较大规模的图书馆现在都有演播厅、报告厅等。

一、图书馆建筑设计原则

不论是什么规模的图书馆，都要利用自己的馆藏资源为读者提供服务。在考虑图书馆建筑时首先要从这一点出发。为此应当有以下几方面要求。

1. 实用原则

实用原则就是讲求实用性。图书馆建筑的实用性体现在以下几个方面。

（1）方便读者，合理利用空间

方便读者包括几个方面，首先是图书馆选馆的地点方便读者，要求能照顾到大多数读者的到馆，用最少的时间，走最少的路。现在，很多图书馆已经意识到了这一点。例如，学校图书馆基本上都选择在学校建筑群的中心，而公共图书馆则被作为城市建设的重要构成来考虑，不是建在市中心就是建在市文化中心。其次是馆内的空间设计能为读者在图书馆内活动提供方便。因此，要考虑读者一般是如何在馆内活动的，要研究读者群的特点。此外，还应考虑工作便利，有一个和读者互不干扰，而且各个业务部门各自独立又有联系的业务通道，形成一个合理、有序的流动线，有利于提高工作效率。

（2）最有效地利用空间

对于图书馆来说，馆舍内的空间也是资源，也是图书馆管理的因素之一。这里说的空间管理，不仅仅是指馆内空间的有效利用，还指对馆外空间的利用，就是说，要考虑到图书馆与其他建筑的相对位置，从而可以考虑利用其他建筑群的空间。这样既能充分利用建筑之间形成的有效空间，又能美化环境。

（3）给未来的发展留有空间

我国图书馆界目前正处于新馆建设的一个相对高峰期。新馆的设计、建设不仅要考虑到旧馆所不能开展的工作，增添旧馆所没有的设备，更要兼顾图书馆未来的发展。目前数字化、网络化、虚拟化的图书馆已经成为图书馆发展的一个亮点，这也是现代化图书馆必不可少的一个重要功能。图书馆建筑尤其是新建的图书馆还要考虑以后图书馆的发展方向和可能增加的服务功能，为图书馆未来的发展留有空间。

2. 经济原则

图书馆的建筑管理应本着勤俭节约的原则，争取将图书馆有限的经费花在最合理的地方。少花钱，多办事。要利用一切可能的条件争取海内外各界的捐资，例如，目前全国各地都建了不少邵逸夫图书馆，这就是邵逸夫先生捐资建设的。以他的名字命名图书馆，既鼓励了捐赠行动，又弘扬了爱国正气。

3. 文化影响原则

不论是什么建筑都与当时的文化有着千丝万缕的联系，受当时文化环境的影响。对于图书馆来说，应该是一个文化氛围浓厚的学习场所，不仅应该有一个较高层次的建筑美学要求，能够给人以美感，而且还应努力为读者营造一个安静整洁、适宜读书的环境，使读者置身其中，能受到良好文化的熏陶，潜移默化地接受健康向上文化的影响。

以上各个原则不是孤立的，它们是一个有机的系统，应综合考虑。

二、图书馆建筑设计要求

1. 与周围环境协调

图书馆建筑受着周围环境的制约，因此，图书馆设计必须适应周围环境，协调好与周围环境的关系。

首先，要与周围建筑环境相协调。任何一座图书馆都不是孤立的，都与周围的建筑群体组成一个整体。因此，在造型、建筑高度、体量等方面应充分考虑周围建筑的因素。例如，高校图书馆通常都布置在校园中心的主轴线上，这就要求其宏伟壮观，与周边环境相呼应，和谐一致。

其次，图书馆建筑的设计还应与自然环境相协调。任何一座图书馆建筑都要受到地形、地质等自然条件的影响和制约。在我们国家有不少就地势建馆而取得良好效果的案例，就是考虑了自然环境的重要因素。例如，东南大学铁道医学院就势而建的图书馆，经过建筑师的精心设计，取得了使用功能灵活的理想效果。

2. 内部房间灵活

现代图书馆的基本功能要求图书馆内部房间能够灵活使用。所谓房间灵活，就是房间的大小可以调整，具有可变性，各类房间可以互换，每一类房间都能够具有多功能的适应性。

传统图书馆的布局是把书和读者分开，也就是我们说的闭架管理。经常见到的图书馆建筑是一层阅览室的层高相当于两层的书库，或者两层的阅览室层高相当于三层书库。在 20 世纪八九十年代建设的图书馆基本上都是这个布局。近些年，我国图书馆正从传统图书馆向现代图书馆发展，很多图书馆实行了开架管理，实现了借阅合一。这就要求图书馆建筑内部的各个房间具有灵活性，以适应现代图书馆的需要。

3. 功能分区合理

为了满足不同类型、不同层次读者的需求，图书馆需要把不同对象、不同工作内容的房间组成一个有机的整体。为了做到彼此联系方便、互不干扰，要求进行合理的功能分区布置。

例如，一般图书馆都是将内部工作区和读者区分开。内部工作区又可以将行政业务办公与技术设备用房分开；行政业务办公又可以分为行政办公区和业务用房区。读者区又可以分为阅览区和公共区（学术报告厅等）。根据需要设置各自单独的出入口，并做到内外有别，分开书流与读者流。

一般地说，规模较大的图书馆由于楼层多，所以都设置了主层，以缩短工作人员取书距离，减少读者的等候时间。主层是图书馆的服务中心和枢纽，大部分图书馆的主层设置在二层。读者利用频繁的房间也相应地按其功能关系布置在主层各区。

4. 布局紧凑

图书馆的布局紧凑可以节约基地面积，争取到更多的外部环境设计面积，例如绿化用地、停车场地、读者庭院阅读和活动用地，以便为未来的发展留出更多的余地。此外，布局紧凑还可以缩短读者在室内的交通路线，节约读者走路的时间，同时也有利于提高工作效率。

5. 朝向通风良好

朝向通风良好不仅可以为读者、工作人员提供一个舒适的学习和工作环境，也是藏书所要求的一个重要条件。南北向是较好的朝向，阅览用房可以尽量选择在这个朝向的房间。每个图书馆还会有一些东西向的房间以及一些死角，可以把辅助房间或者读者停留时间短的房间安排在这里。

6. 面积分配得当

现代的图书馆在进行设计时都会强调占地面积，大体上建筑所占面积不能大于占地面积的 20%。要使 80% 的面积成为绿化区，没有这样的条件，图书馆是很难成为良好的学习园地的。而且绿化面积的扩大，对于图书的保护、防止环境污染也是十分重要。

第二节　图书馆建筑管理研究

图书馆建筑管理主要包括书库管理、阅览室管理及办公区管理。本节主要介绍传统图书馆的书库管理和阅览室管理等。

一、书库管理

书库是图书馆建筑的主体，也是图书馆建筑与其他建筑相区别的特有标志。现代的图书馆建筑中，书库建筑的特点是高层、狭长窗格，有比较好的藏书保护、采光、通风及图书输送条件。不论图书馆是什么类型的，其书库都应该与图书流通部门保持通畅的衔接，并且以最少的面积容纳最多的图书。这就需要科学地排架。这也是影响书库藏书量的主要因素。

1. 传统图书馆书库的书架排列

传统的图书馆中，书库和阅览这两个功能是分开的。书库中书架的排列方式有三种：立架式、堆架式、密架式。

立架式书架通常有 5 格、6 格、7 格之分。它是根据图书和期刊等的书型大小来决定的。当然层次越多藏书量越大。但是书架的高度是有限的。根据我们国家的人的体形，如果超过 2 米，那么取高层格次上的图书就有困难，如果最下层也用来藏书，那么取书也不方便。因此，一般用来藏书的以

6 格为宜；而期刊可以使用期刊专用书架或采用 5 格的书架。

立架式在书库中占面积较大，一个是因为书架与书架之间留有通道空间，另外一个是同书架各层之间留有楼板间隔的空隙。例如，在通道空间方面，立架式书架在宽 4m、长 5.4m，总面积为 21.6m^2 的房间内，可以设置书架 12 个，书架所占面积为 5.28m^2，约为总面积的 24%，这在面积合理使用方面的浪费是惊人的。在楼板间隔的空隙方面，书架与楼板间空隙，平均每 2 层要浪费空间 20%，即 5 层书库浪费 1 层建筑面积。

尽管如此，立架式书架在我国大多数图书馆仍得到了广泛使用，这是因为，由于多种因素的影响，我国图书馆中比较正规的书库建筑比较少，而立架式书架可以分批投资，使用起来比较灵活，便于随时调整。

堆架式排列其实就是在书库建设时，将整个书架作为书库建筑的一个组成部分一次设计，一次建成。常见的就是在书库建设通顶书架，书架的高度与书库高度一致，使书架成为书库中不承重的立体柱。在每层的书架之间采用轻型、坚固建筑材料进行分层，使楼板所占空间高度缩小，从而充分利用书库中的立体空间。

堆架式书架只能采用钢铁架构，所以成本相对较高。但是这种结构节省了空间。而且由于是由通天式钢柱构成的，因此可以在钢柱上采用挂钩或活动孔，使书架中承书板能够上下调整，做到统一标准，多种用途。

密架式排列是指在每一层书库中使用书架密集排列，极大限度地缩小书架的通道，它与立架式排列有所区别。

但是，随着图书馆的发展和开展服务的多样化，密架式排列的弊端日益显露，其中最大的弊端就是这种排列不适合流通量大的图书。因为这种书借阅率比较高，采用密架式排列不方便读者借阅。因此，在大型图书馆中，一些不常用的图书的收藏，例如线装图书、古籍图书等，可以采用密架式。

2. 现代图书馆书库发展

随着图书馆的发展，开架借阅已经成为趋势，一些图书馆尤其是高校图书馆现在都实行了开架借阅。图书馆从闭架到开架，这一管理形式的变化，必然要影响到书库中书架的排列形式。在近几年新建的图书馆中，随着新技术、新设备的引进，图书馆的职能也随之发生了变化，书库也不再是以往藏书楼式的结构，图书馆已经成为读者阅读学习的中心，要求书库不仅能满足藏书要求，而且还要满足读者学习阅读的需求。因此，现代化图书馆中书库已经有所革新。首先，不以牺牲书库的层高为代价来节约空间；其次，实行了借阅合一，在书架之间摆放一些阅览桌，便于读者阅读学习，称之为单元式布局。这些变化基本满足了读者的借阅需求，也满足了不同读者的需要。

二、阅览室分类与管理

阅览室的功能随着图书馆职能的现代化，已经从被动辅助性的学习室变成现今主动吸引读者的学习和研究中心。由于图书馆性质和服务对象的不同，以及馆舍条件的不同，相继出现了按学科、按读者对象、按出版类型、按不同管理方式等设置的各种各样、独具特色的阅览室。

1. 社会科学阅览室

该阅览室主要陈列马列、哲学、政治、经济、军事、法律、语言、文化教育、历史、地理等方面的文献供读者学习和参考。大型图书馆还可以将其再划分为若干个专业阅览室。这类阅览室可以采用开架阅读，而且仅限室内阅读。也可以采用半开架管理，附设辅助书库，收藏一些副本量少或者较为珍贵的书刊。

2. 自然科学阅览室

室中陈列自然科学各个学科、工程技术各领域内的文献，此外还有工具书和参考书。大型图书馆可以按照专业门类再划分为若干个专业阅览室，或者按照书刊类型再划分为若干个阅览室。这种阅览室基本上都采用开架阅览的方式进行管理，有的图书馆也设有辅助书库，可以进行借阅服务。还有的图书馆在这类阅览室设置了咨询台和计算机，可以为读者提供相关的咨询服务和检索服务。

3. 综合阅览室

这里的藏书是综合性的，一般选择那些比较普及的常用书刊和常用工具书。其主要任务是对读者进行一般文化教育，普及科学技术常识，扩大读者知识领域，开阔读者的视野。通常公共图书馆设有这类阅览室。这类阅览室的最大特点是面积大、座位多，有一个恬静、亲切、舒适和谐的学习阅读环境，查阅参考文献方便、快捷。有的图书馆还在这类阅览室里陈列了推荐图书及较为贵重的工具书。该阅览室一般以开架方式管理，不办理借阅手续。

4. 教师阅览室

这是高等学校图书馆大多设置的一类阅览室，其服务对象是本校教师和科研人员。室内主要陈列与各专业相关的中外文文献，各种教材与教学参考资料，以及文献检索工具。有的图书馆将样本库设在教师阅览室内以方便教师使用，有的高校图书馆还根据需要和本校学科专业设置，将教师阅览室按照专业学科划分成若干个专业的教师阅览室，或者按照文科和理科设置教师阅览室。一般地说，教师阅览室都为本校研究生、博士生提供服务。教师阅览室通常设置在图书馆的上层。

5. 善本阅览室

所谓善本图书是指经过鉴定列为国家珍贵文献的古籍线装书。也有的图书馆自行规定标准，将珍贵的革命文献和其他贵重文献也列为善本书。

大型图书馆收藏的善本书较多，设有善本库、善本阅览室、善本陈列室等。为了有利于善本书的安全与保护，应将这一组房间设置在一起，如果有条件的图书馆，可以考虑设置在地下一层。为了对收藏的善本书进行有效的保护，善本阅览室应该设置缓冲区，还要避免读者从这个阅览室直接穿越。对于善本应减少外借原本，可以用复制品代替。有条件的图书馆可以在善本阅览室设置洗手盆，供读者在阅读前洗手使用。

6. 多媒体电子阅览室

多媒体电子阅览室是随着计算机技术和网络技术的日益发展而出现的一种新型的阅览室，读者在这里可以利用图书馆的数字资源、网络资源以及各种中外文数据库。

一般情况下，多媒体电子阅览室按功能可以分为服务区、阅览区、出入口控制区和休息区。服务区由管理员负责电子出版物的借阅管理和文件下载；阅览区主要设置计算机，这些计算机要通过集线器互联成局域网，并通过该阅览室服务器上的代理与校园网或专用局域网相连；休息区提供饮用水和少量使用报刊以及电子出版物配带的书籍供候机的读者阅读和查询；出入口控制区由门禁系统控制读者的出入。

多媒体电子阅览室的使用方式为一人一机，对通过身份认证进入的读者提供各种服务。例如提供丰富的信息资源，包括各种软件和足够大的硬盘和舒适的阅览环境。该阅览室的服务项目及内容应根据其规模大小、设备的配置以及馆藏数字资源的具体情况进行设定。常见的有以下几种。

（1）学习功能

提供各种学习光盘，例如语言学习光盘，这些光盘集图、文、声、像于一体，十分直观。也可以提供应用软件光盘，这就需要多媒体电子阅览室的计算机安装许多软件以及各种应用程序。此外还可以提供各种数据库的使用指导，以帮助读者利用图书馆的数字资源。

（2）信息检索功能

多媒体电子阅览室的重要功能之一就是信息检索，各图书馆目前都根据本馆的服务对象和馆藏特色购买了许多数据库，这些数据库只有在合法的 IP 范围内方可使用。因此没有网上注册的读者要使用图书馆的数字资源，必须到图书馆的多媒体电子阅览室。在这里，管理人员可以为那些使用数据库有困难的读者提供检索帮助，解决他们使用中遇到的各种问题。

（3）阅读欣赏娱乐功能

在多媒体电子阅览室里可以通过网络阅读小说，欣赏各种美丽的图片，还可以看 VCD、DVD、视频聊天等。

（4）其他功能

多媒体电子阅览室还有一些功能，如学生利用阅览室的设备编辑撰写论文，制作各种图片，制作论文答辩使用的 PPT 等。

第三节　图书馆技术设备管理研究

现代化的图书馆是离不开现代化设备的。图书馆的技术设备主要有：计算机、服务器、缩微摄影、静电复印等。对于图书馆来说，不仅要对这些设备进行管理，还要能利用这些设备进行图书馆的管理。图书馆的技术设备管理包括设备购买、维修、使用和淘汰。

一、图书馆技术设备购买原则

1. 优先购买急用设备

图书馆在购买设备时常常会出现经费不足、选购设备犹豫不决的情况。这需要与本馆的目标和特点结合起来，根据本馆的实际需要与主要读者对象来确定。对于那些急需的设备要优先考虑，以满足读者的实际需求。

2. 以应用为重点选择因素

设备是否适合本馆的实际情况，是否能满足本馆的应用，这是购买设备时应该要作为重点考虑的因素。设备适用除了指要适用于本馆的特点和要求，适应本馆未来发展之外，还要考虑今后随着图书馆逐步实现了管理自动化、馆藏数字化、服务网络化后的需要，尽量使购买的设备能在较长时间段内能使用，避免设备的闲置和浪费。

许多图书馆购置了设备后，常不注意发挥它的潜力，设备的许多功能不能发挥或者本馆无法使用，出现了设备吃不饱的情况，这就是没有充分考虑本馆实际应用情况所产生的结果。

3. 以本馆经济条件为基础

要求图书馆的技术设备实用并能适应未来科学技术的发展并不是说设备就要大而精，盲目购买不切本馆实际的技术设备。购买时要充分考虑本馆的经济实力和购买能力，考虑本馆的经济基础。当今社会，科学技术发展日新月异，设备的更新换代频率日益加快，尤其是一些电子技术设备如计算机等，往往一套设备用不到几年就已经成为过时的产品。所以在引进设备时也应该注意到这一点，充分考虑设备的更新换代问题。

4. 考虑设备维修的问题

不论是什么样的设备都难免会出现这样那样的故障，因此本馆的技术人员或本地的技术人员是否能维修这些设备，或者这种设备有无保修义务等也是在购买设备时需要考虑的因素之一。

二、图书馆计算机设备的管理与维护

1. 图书馆计算机分类

目前，计算机已经成为图书馆中不可缺少的重要技术设备。随着信息化、数字化需求日渐强烈，各图书馆都在加强计算机方面的投入。图书馆计算机的功能日趋细化，不同部门计算机要求安装的操作系统和应用软件也不一样。这种不断变化的环境，向图书馆计算机维护人员提出了新的挑战，对图书馆的技术设备管理提出了更高的要求。

根据图书馆的日常运行，应用在图书馆的计算机可以分成两大类：读者用机和工作用机。

读者用机就是供图书馆各类读者使用的计算机，包括电子阅览室的计算机、读者用公共检索查询计算机。工作用机是指图书馆工作人员用机，包括借阅台工作用机和图书馆日常业务工作及学习用机。图书馆中的计算机管理要针对不同的计算机类型采用不同的管理和维护手段，以保证图书馆中的计算机发挥最好的作用。

2. 图书馆计算机的维护

（1）读者用机的维护

图书馆的读者用机主要集中在电子阅览室，还包括一些共享大厅中的公共查询用机，其使用对象是广大读者，一旦读者使用不当，系统很容易受到破坏，轻则导致系统中的各种软件发生冲突，使系统不稳定，运行速度缓慢，经常出现死机等情况；重则被感染病毒，造成系统崩溃。如果使用常规的方法恢复系统，就需要重新安装操作系统和各种软件，而在数十台计算机上安装大量相同软件需耗费大量的时间，大大增加了电子阅览室的管理工作量和难度。为了解决以上问题，需要在这样的读者用机上安装硬盘还原卡。安装这种还原卡的计算机可以像平常一样运行各种软件，但关机后系统又恢复到以前的状态。其主要功能是向有多台相同配置的机房提供有效的维护与管理计算机的方案，同时可以防止病毒的干扰和破坏以及人为地对硬盘进行分区、格式化或者误操作。如果需要临时安装一些软件，也可以通过 CTRL＋ENTER 组合键，键入管理员密码临时解开保护卡，使用起来十分方便。

（2）工作用机的维护

由于借阅台服务用机和图书馆日常业务工作与学习用机的使用者比较固定，出现问题的概率相对要小，而且考虑到馆员可以根据自己的工作和学习需要安装或卸载各种软件，图书馆可以对这部分计算机采用软件恢复。一旦系统出现问题，使用者已近没有办法处理的时候，就使用恢复软件进行系统恢复，方便、快捷，降低了工作强度。

一般图书馆工作人员用机很少全部出问题，大多数情况下都是单台出问题。维护单台出问题的计算机最方便快捷的处理方法是通过在光盘上刻录好的系统镜像文件来恢复系统，这种方法在 10 分钟左右就可以完成系统的恢复。

三、图书馆服务器的选择

随着图书馆自动化、网络化的发展，服务器在图书馆中的地位和作用越来越重要，目前图书馆服务器已经成为图书馆技术设备中的核心，它是整个图书馆自动化系统的心脏。好的服务器设备是图书馆各项业务工作顺利开展的基础。目前各个图书馆由于规模和类型不同，对服务器的需求也不尽相同，而且服务器市场繁纷芜杂。因此选择合适的服务器是图书馆需要解决的一个重要问题。

1. 图书馆服务器的分类

服务器英文名称为"server"，指的是在网络环境中为客户机（client）提供各种服务的、特殊的专用计算机。在图书馆网络中，服务器承担着数据的存储、转发、发布等关键任务。服务器可以有很多种分类方法，这些不同的分类方法从不同角度对服务器的性质及特点进行了揭示，同时也方便了我们对服务器的了解。

（1）按照体系架构来区分

按照这种分类方法，服务器主要分为 CISC 服务器和 RISC 服务器。CISC 技术特点是指令系统复杂，通常具有数百条指令和多种寻址方式，多数指令是多周期指令。复杂的指令结构和大量的寻址方式使得编译程序非常复杂。同时也使指令控制器的设计复杂化，占用芯片的面积增大，不利于大规模集成电路的设计，系统的性能提高受到限制。CISC 架构服务器，一般是基于 PC 机体系结构、使用 Intel 或与其兼容的处理器芯片的服务器，常被称作 PC 服务器。随着技术的发展，Intel 处理器正不断采用一些 RISC 技术来提高性能。

RISC 技术采用了更加简单和统一的指令格式、固定的指令长度以及优化的寻址方式，使整个计算机体系更加合理。指令系统的简化使得系统指令译码器的设计复杂程度也简化了，大大提高了指令的执行速度。目前 RISC 架构的处理器主要有 Power-PC 处理器、SPARC 处理器、PA-RISC 处理器和 MIPS 处理器。采用 RISC 芯片和 Unix 操作系统的 RISC 架构服务器也常被称为高端服务器。

（2）按使用的操作系统分

按照使用的操作系统的不同，可以将服务器分为 NT 服务器和 Unix 服务器。NT 服务器通常建立在 Intel 架构上，使用微软视窗操作系统。而 Unix 服务器却有多种硬件平台如 IBM Power-PC 系列处理器、Sun SPARC 处理器、Compaq Alpha 处理器、HP PA-RISC 处理器等等。Unix 操作系统各公司也都有各自的版本，如 IBM、AIX、Sun Solaris、HP UX 等等。

（3）按服务器的物理结构分

按照服务器的物理结构的不同，可以将服务器分为台式服务器和机架式服务器。台式服务器也称塔式服务器，是指独立放置在桌面上使用的产品，它没有统一的外形规格标准，各个厂商的产品设计都不同，在多台服务器同时使用时需要占用大量的机房空间并且不易集中管理和维护。但台式服务器外形设计美观、富有个性、安装方便，适合作为独立服务器使用。机架式服务器的机箱外形尺寸遵循了一定的工业标准，不同主机可以安装到同一个 19 英寸（约 48.26 厘米）机架上，便于集中管理和维护，同时节省了大量机房空间。

（4）按服务器所提供的主要功能分

按照服务器所提供的主要功能可以分为各种不同的专用服务器。这些专用服务器大多是在通用的服务器硬件平台上安装相应的应用软件，同时根据特定的功能进行一定的优化，使之在完成特定功能时发挥较高的性能。如

Web 服务器、缓存服务器、防火墙服务器、负载均衡服务器、网络存储服务器等等。它们不需要用户进行复杂的专门配置，在性价比、可靠性、简便性等方面都获得了很大的提高。

此外，还可以按应用层次划分。这种按应用层次划分通常也称为"按服务器档次划分"或"按网络规模划分"，它主要根据服务器在网络中应用的层次（或服务器的档次）来划分。根据其综合性能，服务器可分为：入门级服务器、工作组级服务器、部门级服务器、企业级服务器。

2. 图书馆服务器选购原则

（1）可靠性

简单来说就是要求服务器必须稳定运行，也就是宕机率低。导致意外宕机的常见原因包括硬盘损坏、系统故障、软件故障、电源掉电等。高可靠性的服务器为了满足需要，对热插拔硬盘、冗余的冷却风扇、热插拔内存、硬件监测系统等全部采用了多种先进技术。

（2）先进性

选择服务器时，必须考虑拥有先进技术的机型。否则，投入巨大资金购买到过时或者将要过时的产品，其处理能力与扩展能力也会受到限制，那无疑是一种浪费。先进的服务器不仅采用最新型的处理器和芯片组，对于网络适配器和 RAID 控制器等影响系统 I/O 性能的重要部件，也充分考虑了其与操作系统的兼容性，在需要庞大处理功能的应用领域中具有较高的配套协调性能。

（3）可管理性

可管理性旨在利用特定的技术和产品来提高系统的可靠性，降低系统的购买、使用、部署和支持费用。最显著的作用体现在减少维护人员的工时占用和避免系统停机带来的损失。易管理性一般通过硬件技术与软件技术两方面相结合来实现。在服务器主板机箱（包括面板）、电源等零件上都有相应的智能芯片，这些芯片可随时监控内存、硬盘、网络、系统温度等多个硬件的运行状态并做出日志文件，发生故障时还能采取相应的处理措施。

（4）可扩展性

可扩展性具体表现在两个方面：一是留有富余的机箱可用空间；二是充

裕的 I/O 带宽。随着处理器运算速度的提高和并行处理器数量的增加，服务器性能的瓶颈将会归结为 PCI 及其附属设备。高扩展性意义在于用户可以根据需要随时增加有关部件，在满足系统运行要求的同时，又保护投资。

（5）可维护性

服务器的主要部件（如主板、驱动器、冷却风扇、I/O 端口、电源）应全部模块化，各部件甚至无需工具就可以进行拆卸、维护和更换，尽可能缩短停机检修时间。

3. 图书馆服务器选购注意事项

（1）把握图书馆的应用需求

图书馆在选购服务器时，必须从自身的需求出发。一般来说，要考虑以下几个事实：用服务器干什么？解决馆里哪部分需要？这些应用有什么特点？这些特点对服务器有什么要求？只有把这些问题分析清楚了，才能便于下一步的采购工作。例如，如果只是建一个图书馆的网站，向读者提供公共目录查询、馆情介绍、读者指南等服务，那么一台价值万元左右的普通低端服务器就绰绰有余；如果是搭建图书馆自己的邮件系统，只是想方便馆员及读者而实现共享打印与文件共享，那么一台功能型、配备大容量高速硬盘的 Email 邮件服务器或 FTP 文件服务器即可游刃有余；如果是安装图书馆的光盘镜像、视频点播、电子图书或自动化管理等系统，那就对服务器的硬盘容量及稳定性、处理器存取速度、I/O 带宽提出了较高的要求；对大型图书馆来说，高端 UNIX 服务器由于在安全性、可靠性、可用性等方面都具有无与伦比的优势，因而在经费允许的条件下是最佳选择；对中小型或经费紧张的图书馆来说，选择高性价比、具备超线程多 CPU 处理器、界面友好、系统安装设置简易、系统扩展灵活的 NT 服务器，无疑是合适的。

（2）注意一些关键细节问题

一般来说，厂商提供的各种档次的服务器均为标准配置，图书馆可以根据自己的实际需求在此基础上进行定制，如扩充内存、增加硬盘及 RAID 卡等。因此，在决策之前必须对一些细节做到心中有数，例如：服务器将做何种应用？安装什么应用软件？这种应用软件对操作系统平台有何种要求？数据量会有多大？数据量的增长情况如何？访问量会有多大？对数据的安全性要求有多高？只有把这些情况弄清楚了，才能确定服务器的处理器类型和主板芯片组、内存大小、硬盘容量与转速、硬盘冗余等一系列问题。

（3）摸清服务器的市场情况

当前服务器市场较为繁杂，既有国外厂商的 SUN、惠普、戴尔、富士通等，也有国内厂商的浪潮、联想、方正、曙光、宝德等；从价格而言，大多数品牌都具备从低端到高端的全系列产品，其价格也从数万元至数十万乃至上百万不等；依经销方式而言，有销售渠道、代理商、直销等模式，且不同模式、不同行业甚至不同地域有着不同的折扣。另外，不同服务器厂商的售后服务也不相同，有的上门服务和上门限时保修需要额外的费用。

总之，图书馆在选购时，只要把握需求，追求高性能价格比，使之既能满足当前需要，又有适当的前瞻性，同时将品牌、售后服务、厂商实力等因素加以综合考虑，就一定会选择到满意的服务器。

4. 图书馆服务器的安全维护

图书馆的服务器根据不同的应用需求可以安装不同的操作系统，最常用的是 Win2k Server。Win2k Server 具有用户界面好、易操作等特点。由于 Win2k Server 软件自身存在的安全漏洞，使得图书馆服务器存在着不少安全隐患，威胁着图书馆各种数据的安全和系统的安全运行。因此，做好图书馆服务器的安全维护，是管理好服务器的关键所在。

（1）补丁更新/系统升级

Win2k Server 操作系统存在数目不小的安全问题和漏洞，并且不断地被发现和被人利用，所以由专人负责合法补丁的下载、记录、统计和管理工作，建立相应的补丁更新记录对系统安全性是极其重要的。

（2）禁用危险服务

开放危险服务可能会给入侵者提供一个潜在的入侵通道，可以关闭这些服务。要注意服务间的依存关系，不要影响正常应用服务的启用。

（3）关闭不用的端口

一个端口常对应一项服务，禁用了一项服务，也就关掉了其相应的端口。为了进一步增加服务器系统的安全，应当把不用的端口一律关闭，只开放提供服务所必需的端口。配置的方法是设置 Internet 协议（TCP/IP）的属性，启用 TCP/IP 筛选，只允许开放服务器提供网络服务所必需的 TCP 端口。

（4）账号安全策略

Win2k Server 的默认安装允许任何用户通过空用户得到系统所有账号或共享列表，这本来是为方便局域网用户而设的，但是远程用户也可以得到系统的用户列表并破解用户密码。这个问题可以通过修改注册表来解决。实际上 Win2k 的本地安全策略（域服务器安全和域安全策略）就有 Restrict Anenymous 选项，可以进行设置。系统内建立的 Administrator 账号容易泄漏密码，应将此账号改名，使其伪装成普通用户；密码长度在 10 位以上，不要太规则，应含数字字母等字符，包含大小写，而且要经常变换。去掉 Everyone 的写、修改权限，停用 Guest 账号，账号尽量保持最少，删除不必要的账号。

（5）安全日志

日志文件存储了应用程序、服务器或操作系统产生的消息，这些消息用于跟踪所执行的操作，对于发现和追查入侵是很有帮助的，因此要定期审查日志。最好不要使用缺省的目录，建议更换一个记日志的路径，同时设置日志的访问权限，只允许系统管理员和 System 访问，这样可以发现攻击的迹象，及时采取相应的措施。否则，如果日志文件可修改，攻击者就可抹去攻击痕迹。还可以将日志文件的大小改为 30MB（根据系统空间情况）覆盖周期从 7 天改为 30 天。

四、图书馆静电复印设备

静电复印是应用光电技术而进行的一种文献复印技术。由于这种复印过程是应用静电学原理而进行成像和显像的，故称为静电复印。静电复印以其快速、简便、廉价、清晰等特点为读者提供复印件，深受广大读者的欢迎。现在它已经成为图书馆向读者及时而方便地提供文献服务的一种重要手段。

1. 图书馆设置静电复印机布局原则

静电复印机的布局，一般规模较大的图书馆可采取集中与分散相结合的方式，即在图书馆内设立复印中心，根据需要设置多台不同类型复印机，承担馆内外印量较大的和需要连续作业的复印任务，而在有关的阅览室内或附近，可分别设置为读者随时复印文献的复印机。

2. 图书馆静电复印机选购注意事项

目前市场上出售的静电复印设备型号多种多样，功能和价格也相差很大。如何选择适合于本馆实际工作需要的复印机，是图书馆需要注意的问题。

（1）根据本馆的需要和经费的保证购买

选购复印机，首先应根据本馆任务的需要以及经费的保证情况来确定，这是选用复印机的最基本的依据。由于各个图书馆和部门的工作任务以及对复印要求的不同，所以，对复印机性能的要求也不尽一致。有特殊需要的，如需要复印幅面 A3 以上的复印件，则应考虑购置可复印大幅面的复印机。同时为满足工作任务的变化和图书馆发展的需要，尽量能使购置的复印机的性能和效率与此相适应。

经费保证就是要考虑本馆的经费来源和经济实力，还应该考虑复印机今后在使用过程中所使用的耗材的经费保证，确保购买的复印机能发挥作用。

（2）认真研究设备的耐用性与多用性

静电复印机的发展非常快，性能虽不断革新，但其耐用性程度却差异较大。所以在选购复印机时，应十分注意复印机的耐用问题。

对设备的多用性问题，也要根据本馆工作任务的实际情况具体掌握，合理选用。例如，有的图书馆工作量不大，但复印的项目及品种繁杂，既有单页原稿又有厚本原稿；既要求 1∶1 复印，又需要缩放复印，有时还要求自动输稿和自动分页等。属于这种情况，又不能购置适应各种不同性能要求的多台设备时，可考虑购置一台一机多用的多功能复印机。如果任务量较大且复印项目繁多，经费又有保证，则应购置各种不同类型的设备。因为多功能的设备的结构远比单用设备复杂，故障率较高。

（3）易于调整、便于维修

任何型号的复印机使用到一定时期或达到一定复印量后，就容易出现故障，需要进行调整和维修，如果复印机易于调整、维修，出现故障就能很容易排除，这将节省大量工时，提高工作效率。所以购买时要充分考虑使用中的这些实际问题。

3. 图书馆复印设备安装的环境和条件

尽管静电复印设备已经成为图书馆和其他行业的常用设备，但对其安装与使用所需要的环境和条件，并未引起有些单位的足够重视，以致影响复印机的效能发挥和正常使用寿命。

(1) 场地要求

场地面积应满足两方面需要：一要容纳下所有设备（如静电复印机、稳压电源设备等），二要能保证工作人员有足够的作业活动空间。

一般地讲，一台落地式复印机工作面积需 $12\sim15m^2$。集中设置的复印室所需要的面积，应根据设置复印机台数以及作业活动所需要的面积总和起来加以确定，并应与办公、业务、接待房隔开。

(2) 光线要求

复印机作业室的光线不宜太暗，且应避免阳光直接照射设备，以防感光体和电子元件老化。复印机作业室的窗户最好能长期使用窗帘。

(3) 温度、湿度要求

复印机工作的温度一般要求在 $10\sim30℃$ 之间（有的设备要求在 $5\sim35℃$ 之间），相对湿度要求在 $20\%\sim85\%$ 之间。所以应远离热源，例如暖气设备以及水龙头等设施，并要避开产生氨气的场所。室内空气要经常流通，以利于调节湿度、减少或消除复印机作业过程中产生的粉尘飞扬、减轻固化定影过程中产生的气味。有条件时，最好安装通风排风设备和空调设备。

(4) 作业环境对复印工作的影响

温度低，影响感光体的性能，导致底灰大，图像质量差。尤其是使用硫化镉和氧化锌感光体则更为明显。因此，有条件的可以考虑购置装有对感光体自动加热装置的复印机。

因为复印机需要散热，如果环境温度高，扫描灯散热不好，会使机内温度升高，容易将放置原稿的玻璃烤炸。如果整个机器散热不好，温度高，润滑油挥发得快，易磨损各个部件，对电控元件也不利。

环境湿度大，高压电极容易产生打火现象，严重时会击伤感光体；感光体表面电位不易保持，影响复印质量；显影墨粉易结块，与载体混合不均匀、显影后的图像线条粗糙；纸张受潮，输纸系统容易发生故障，造成输印不全或图像普遍浅淡，并且易使光学系统起雾，影响结像等。

灰尘对复印机也有较大的影响。如果复印机外灰尘严重污染光学系统，就会降低透光率和解像力，影响成像质量，影响复印机转动部位的正常运转。若灰尘落在感光体上，就会划伤感光体，降低复印质量和感光体的使用寿命。

第五章
图书馆知识管理研究

有学者指出，21 世纪是知识经济的时代。知识同资本、劳动力、原材料一样成为了一种宝贵的经济资源。知识经济催生了一种全新的管理理念——知识管理，这一理念引起了学术界和企业界的广泛关注，一些国际知名企业特别是视知识为生命的 IT 企业和咨询公司，都依赖知识管理的力量成功地保持了他们在国际市场上的竞争优势。知识管理的理念正在被越来越多的企业认可并引入到管理实践。

图书馆作为人类知识的宝库，有必要及时研究和借鉴先进的管理方法，对其知识资源进行开发和管理，以便不断改进现有工作，与时俱进。

第一节　国内外知识管理研究综述

一、国外知识管理研究综述

1. 知识管理的发展历史

20 世纪 80 年代，诸如"知识获取"、"知识工程"、"以知识为基础的系统"和"基于计算机的存在论"等观点开始出现，"知识管理"这个术语正式地编入了词典中。为了给管理知识提供技术支持，美国一个企业社团在1989年启动了"管理知识资产"的项目，有关知识管理的论文开始在《斯隆管理评论》《组织科学》《哈佛商业评论》以及其他刊物上出现，关于组织学习和知识管理的第一批专著也开始出版。例如，圣吉的《第五项修炼》。到1990年，许多管理咨询公司开始了企业内部的知识管理项目，一些著名的美国、欧洲和日本企业建立了重点知识管理项目，施乐、IBM公司等一些国际知名企业都是实施知识管理的成功典范。

1991年，当汤姆·斯得沃特在《财富》杂志发表了《智囊》后，知识管理进入了畅销书行列，最著名的著作是野中郁次郎和竹内广隆的《知识创造公司》。20世纪90年代中期，随着互联网的发展，知识管理项目蓬勃发展，国际知识管理网络（IKMN）于1989年在欧洲创立。1994年上网后，很快就吸收了位于美国的知识管理论坛和其他与知识管理相关的团体和出版物。该组织（IKMN）为取得竞争优势，开始重视管理和开发隐性和显性知识资源，所以有关知识管理的会议和研究会的数量也在不断增长。1994年国际知识管理网络（IKMN）把对欧洲企业开展的知识管理调查的结果编辑著书出版，1995年欧共体开始通过欧洲信息技术战略研究计划（European Strategic Research Programme in Information Technology，ESPRIT）为知识管理的相关项目提供资助。

目前，知识管理已经成为国际咨询公司的主要业务，如安永、阿瑟·安德森。此外，许多对相关领域（如基准管理、最佳实践、风险管理和变革管理）感兴趣的专业组织也正在探索知识管理与他们特殊的专业领域的关系。如美国生产力和质量委员会（APQC）和美国信息科学协会（ASIS）。

许多管理学家为知识管理的发展作出了贡献，在他们当中为人熟知的有美国的彼得·德鲁克、保罗·斯特阿斯曼和彼得·圣吉。德鲁克和斯特阿斯曼强调了信息和隐含知识作为组织资源的不断增长的重要性；圣吉则重点放在"学习型组织"，即管理知识的文化因素。哈佛商学院的切瑞斯·阿奇瑞斯，克里斯托福·巴特莱特和多萝西·莱昂纳多·巴顿则考察了管理知识的多个侧面。

2. 知识管理的主要研究领域

（1）对知识的研究

为了对知识进行更加深入的研究，有必要分清楚知识和信息。知识管理的基础学者对知识有许多不同的定义。如丹尼尔·贝尔将知识定义为一切有组织的有关事实和概念的陈述，是经过论证的判断或实验结果。它以某种系统的形式通过某种传播媒介传递给他人。

和对知识的定义有着不同的认识一样，学者们发现信息和知识的关系很难区别。日本学者野中郁次郎认为，尽管信息和知识这两个术语经常交换使用，但两者存在着明显的区别：知识是关于信念和行动的，它"永远是针对某种目标"的知识；信息则是源源不断的消息，而知识正是扎根于信息持有者的信念和承诺的信息流而创造出来的。这种观点强调知识源于信息。还有学者根据知识和信息的存在方式来区别两者：知识存在于人的大脑中，而信息则是被编码后存在于书、磁盘或其他的载体上。

（2）对知识分类的研究

迈克尔·波拉尼（Michael Polanyi）最早提出了知识可分为隐性知识和显性知识，对知识分类的发展作出了突破性的贡献。他认为，所有的知识都是隐性的，或根植于隐性，隐性知识是个人的、由情景限定的、很难正式表达和交流的；显性知识则是能够用语言和文字编码来表达的很少的那一部分知识。因此，隐性知识对组织更具有价值。

通过上述内容，我们发现对知识究竟是什么很难定义，因此，国外的主流研究领域把研究重点放在了知识能给组织带来的价值，而不是知识的概念、内涵和分类。

（3）对知识创造的研究

日本学者野中郁次郎提出了著名的社会化、外化、组合、内化模型（Socialization、Externalization、Combination、Internalization，SECI），他认为，知识创造过程包括四种模式：

社会化（Socialization）：通过它将隐性知识转化为新的隐性知识，传统的师徒传授就是社会化的典型模式；

外化（Externalization）：隐性知识转化为显性知识，它通过类比、隐喻和假设、倾听以及深度谈话等方法将隐性知识转化为容易理解和接受的方式，是促进隐性知识转化的关键性步骤；

组合（Combination）：从显性知识到显性知识，是一种把观念加以系统化以形成事实体系的过程；

内化（Internalization）：从显性知识到隐性知识，经由社会化、具体化与组合，进一步内化为个人的隐性知识，使知识成为真正有价值的资产。组织知识经过上述四种模式的转化，实现个体之间、个体与组织之间的知识转移，推动知识创造、转移和转化的循环递进的动态过程，构成了一个不断上升的知识螺旋。

（4）知识管理的研究内容和实现过程

托马斯·H.达文波特（Thomas H. Davenport）教授提出了"知识管理两阶段论"，第一阶段：企业对其知识资产进行管理，并存放在能够被获取的地方——"知识库"；第二阶段：解决企业知识库里的知识资产太拥挤的问题，即当企业需要知识时，从外部导入知识；而当知识被创造出来或获取到时，又可以及时地将其导出给组织的其他部门。

哥勒根提出了知识管理的8个内容和实现过程：产生新知识；从外部来源获取知识；以文献数据库和软件等形式表达知识；在过程、产品或服务中运用知识；在组织内传播现有知识；在决策中使用知识；通过组织文化和组织激励推动知识增长；评估知识资产的价值和知识管理的作用。他的理论实际上是对达文波特论的丰富，两者在实质上是一样的。因此，可以认为知识管理的内容就是对组织知识活动的各个环节的管理，其实现过程遵循着知识流动的规律。

（5）知识管理的扩展

随着对知识管理研究的深入，学者们逐步意识到，知识管理作为管理学的一个分支，需要把对它的研究融进整个管理学的研究领域之中。最初的尝试始于对影响知识管理的组织因素的分析。有学者总结了影响知识管理的组织因素：组织文化、领导行为、技术和员工的动力。近来随着对组织能力研究的发展，一些学者开始认识到组织能力，如组织对学习的吸收能力和组织利用知识的动态能力对知识管理的重大意义。

二、国内知识管理研究综述

1. 国内知识管理的发展历程

国内知识管理的概念由"知识经济"而来。国内的知识经济讨论始于1998年，同年，国外知识管理概念和思想引入我国，出现了一批知识管理的专家和学者，如董小英、左美云、王德禄，他们在对国外知识管理著作翻译、介绍和引进的同时，出版了一些专著，如李华伟等人的《知识管理的理论和实践》和王德禄的《知识管理的 IT 实现》，对知识管理理论和实践在我国的发展起到了重大的推动作用。

2. 国内知识管理的主要研究领域

（1）对知识管理基础理论的研究

国内对知识管理基础理论的研究主要集中在对知识、知识管理的概念以及知识和信息、知识管理和信息管理的区别和联系等领域，尤其是知识管理的概念；对知识管理基础理论的其他领域研究较少。

（2）知识管理的应用研究

在知识管理的应用研究上，存在着两大研究主题——企业知识管理和图书馆知识管理，研究内容集中在企业和图书馆知识管理的内容和实施策略。图书馆对知识管理微观内容的研究集中在"知识组织"和"知识服务"。尤其是张晓林教授早在 2003 年就提出了科技信息机构可能存在的服务模式：开展学科化知识服务、情报分析研究服务、资源整合建设、系统建设，对图书馆全面开展知识服务具有借鉴与指导作用。

第二节　知识管理概述

一、知识管理的概念

"知识管理"一词是美国麻省莱克星顿著名的 Entovation 国际咨询公司

于 20 世纪 90 年代初首次提出的。由于知识管理是管理领域的新生事物，所以时至今日也没有一个被大家广泛认可的定义。但是对于知识管理，专家学者普遍认为其有广义和狭义两种。

广义的知识管理是指知识经济环境下管理思想与管理方法的总称，不仅包括对知识本身的管理，还包括对与知识有关的各种资源和无形资产的管理，涉及知识组织、知识设施、知识资产、知识活动、知识人员等全方位和全过程的管理。

狭义的知识管理是指对知识及知识的作用进行管理，包括对知识的创造、获取、加工、存储、传播和应用的管理。显然，狭义的知识管理研究必将丰富广义的知识管理思想体系。

因此，在这里将富有代表性的关于知识管理的定义枚举如下。

巴斯（Bassi，1997 年）认为，知识管理是指为了增强组织的绩效而创造、获取和使用知识的过程。

奎达斯等（P. Quitas，1997 年）则把知识管理看作是一个管理各种知识的连续过程，以满足现在和将来出现的各种需要，确定和探索现有和获得的知识资产，开发新的机会。

维格（K. Wiig，1997 年）认为，知识管理主要涉及四个方面：自上而下地监测、推动与知识有关的活动；创造和维护知识基础设施；更新组织和转化知识资产；使用知识以提高其价值。

Yogesh Malhotra 博士认为："知识管理是企业面临日益增长的非连续性的环境变化时，针对组织的适应性、组织的生存和竞争能力等重要方面的一种迎合性措施。"

Daniel E. O'Leary 认为："知识管理是将组织可得到的各种来源的信息转化为知识并将知识与人联系起来的过程，是对知识进行正式的管理，以便知识的产生、获取和重新利用。"

文莉（Verna Alle，1998）对知识管理的定义是"帮助人们对拥有的知识进行反思，帮助和发展支持人们进行知识交流的技术和企业内部结构，并帮助人们获得知识来源，促进他们之间进行知识的交流"。

美国德尔集团创始人之一卡尔·法拉普罗（Carl Frappuolo，1998）说"知识管理就是运用集体的智慧提高应变和创新能力"。他还认为知识管理应有外部化、内部化、中介化和认知化四种功能。外部化是指从外部获取知识并按一定分类进行组织；内部化是指知识的转移，即从外部知识库中筛选、提取人们想得到的与特定用户有关的知识；中介化是指为知识寻找者找到知识的最佳来源；认知化则是将以上三种功能获得的知识加以应用的过程。

马斯（E. Maize，1998年）认为，知识管理是一个系统地发现、选择、组织、过滤和表述信息的过程，目的是改善雇员对待特定问题的理解。

戴布拉·艾米顿（Debra M. A. Amidon，1998年）说："知识管理无孔不入。无论它以什么形式定义——比如学习、智力资本、知识资产、智能、诀窍、洞察力或智慧——结论都是一样的：要么更好地管好它，要么衰亡。"

达文波特教授（T. H. Davenport，1998年）指出："知识管理真正的显著方面分为两个重要类别：知识的创造和知识的利用。"

比尔·盖茨在《未来时速》（Bill Gates，1998年）一书中多处谈及知识管理，他说："作为一个总的概念——搜集和组织信息、把信息传播给需要它的人、不断地通过分析和合作来优化信息——知识管理学是很有用的。但是就像它之前的添加再设计（指破折号里的解释——笔者注）一样，知识管理学变得歧义百出，任何人想给它添加上什么意义都可以。……假如新闻记者跟一家数据库公司交谈的话，就会发现知识管理是数据库中最新的事物。假如记者跟一家群件公司交谈的话，就会发现知识管理的意思是下一代群件。……知识管理是个手段，不是目的。"

在莲花（Lotus）公司于1998年1月发表的《Lotus、IBM和知识管理战略白皮书》中，把创新、反应能力、生产率和技能素质作为特定商业目标和知识管理的基本内涵，以帮助公司自身适应知识管理的活动要求。

美国生产力和质量中心（APQC）认为知识管理应该是组织一种有意识采取的战略，它保证能够在最需要的时间将最需要的知识传送给最需要的人。这样可以帮助人们共享信息，并进而将之通过不同的方式付诸实践，最终达到提高组织业绩的目的。

国内著名学者马家培教授（1998年，1999年）认为"信息管理是知识管理的基础，知识管理是信息管理的延伸与发展"、"信息管理经历了文献管理、计算机管理、信息资源管理、竞争性情报管理，演进到知识管理。知识管理是信息管理发展的新阶段，它同信息管理以往各阶段不一样，要求把信息与信息、信息与活动、信息与人连接起来，在人际交流的互动过程中，通过信息与知识（除显性知识外还包括隐性知识）的共享，运用群体的智慧进行创新，以赢得竞争优势"。他还评述道："对于知识管理的研究，最宽的理解认为，知识管理就是知识时代的管理，最窄的理解则认为，知识管理只是对知识资产（或智力资本）的管理。介于上述理解之间的认识，又有两种，一为对知识的管理，另一为用知识来管理，尽管理解不同，但是对知识作为一种重要生产要素加以管理的认识却是相同的，对知识管理日趋重要的认识也是一致的。"

国内研究者比较愿意接受下面一种定义：知识管理就是对一个企业集体的知识与技能的捕获，然后将这些知识与技能分布到能够帮助企业实现最大产出的任何地方的过程。知识管理的目标就是力图能够将最恰当的知识在最恰当的时间传递给最恰当的人，以便使他们能够做出最好的决策。

上面各种定义的出现，反映了人们从各个侧面对知识管理不倦的探索，人们对知识管理的看法可谓"仁者见仁、智者见智"。而综观各个侧面的研究则使我们有可能对知识管理有个粗浅但全面的理解。尽管目前对知识管理的定义未取得一致，但可以肯定的是，知识管理以人为中心、以信息管理为基础、以知识创新为目标。它是一种新的人本管理思想，是人的智力资本的管理。它倡导人的主动性，是人的智力开发与激励的管理。

二、知识管理的学派

知识管理的研究可分为三个学派：技术学派、行为学派和综合学派。

技术学派认为"知识管理就是对信息的管理"。这个领域的研究者和专家们一般都有着计算机科学和信息科学的教育背景。他们常常被卷入到对信息管理系统、人工智能、重组和群件等的设计、构建过程当中。对他们来讲，知识等于对象，并可以在信息系统当中被标识和处理。

行为学派认为"知识管理就是对人的管理"。这个领域的研究者和专家们一般都有着哲学、心理学、社会学或商业管理的教育背景。他们经常卷入到对人类个体的技能或行为的评估、改变或是改进过程当中。对他们来说，知识等于过程，是一个对不断改变着的技能等的一系列复杂的、动态的安排。这些人在传统上，要么是像一个心理学家那样热衷于对个体能力的学习和管理方面进行研究，要么就像一个哲学家、社会学家或组织理论家那样在组织的水平上开展研究。

综合学派认为"知识管理不仅要对信息和人进行管理，还要将信息和人连接起来进行管理；知识管理要将信息处理能力和人的创新能力相互结合，增强组织对环境的适应能力"。组成该学派的专家既对信息技术有很好的理解和把握，又有着丰富的经济学和管理学知识。他们推动着技术学派和行为学派互相交流、互相学习从而融合为自己所属的综合学派。由于综合学派能用系统、全面的观点实施知识管理，所以能很快被企业界接受。上面列出的大多数学者都应该划入该学派。

三、知识管理的作用与特点

1. 知识管理的作用

知识管理是一种全新的管理模式，其主要作用表现在几个方面。其一是对显性知识的序化功能，通过数字化和知识化将大量无序信息有序化，为员工提供知识共享的环境，提高其工作效率和创新能力，提高服务质量；其二是促进知识共享功能，提供适当的工具和环境辅助员工同相关客户和工作伙伴进行直接或间接交流，从所处网络环境接受知识，形成"边干边学、在干中学"的终身学习机制；其三是对隐性知识的挖掘功能，从现有数据挖掘有用知识，增强企业商务智能，增加企业知识储备，将个人知识和信息提升为组织知识，减少员工休假、离职而造成的损失；其四是促进知识变换功能，通过对组织内外的显性知识和隐性知识之间的相互融合与转化，促进知识成果向现实生产力直接转换。

2. 知识管理的特点

知识管理具有这样一些特点：①在管理理念上：知识管理真正体现了以人为本的管理思想，人力管理成为组织管理的核心。它强调对人力资本投资和管理，重视人在管理中的重要作用。②在管理对象上：知识管理以无形资产管理为主要对象，比以往任何管理形式都更加强调知识资产的重要性。③在管理目标和策略上，知识管理以提高人的创新能力、推动个人和组织知识创新为直接目标，以建立知识创新体系为基本策略。④在管理范围及重点上，知识管理包括显性知识管理和隐性知识管理，但以隐性知识管理为重点，注重调动人的积极因素，加快显性与隐性知识的转化与流动，实现知识的创新。⑤在组织结构上，知识管理采取开放的"扁平式管理"的学习型组织模式，这种新型的组织结构减少了管理环节，提高了对外部环境的应变速度和效率。⑥在管理方式和技术上，知识管理以信息资源管理为基础，以现代信息技术为工具，以高效的方式进行知识交流，为知识共享提供便利和有效途径。⑦知识管理的目的是实现知识创新，知识管理是利用知识管理知识，对管理者的要求高；知识管理既对企业内部知识进行管理，也对企业外部知识进行管理；由于知识的无限性，决定了知识管理具有边际效益递增性。它在企业界和国外图书馆界的成功实施，为我国图书馆知识管理提供了经验和支持。

第三节　图书馆知识管理

一、图书馆知识管理概念的引进

关于图书馆知识管理的概念，国内学者如孟广均、邱均平、吴慰慈等都有精彩的论述。我国图书馆界学者在不断了解企业知识管理的同时，也试图探索图书馆知识管理的概念或含义，如郑州大学的王均林认为：图书馆知识管理，其实就是对图书馆显性知识和隐性知识的搜集、整理、存储和使用，并使其充分发挥作用的过程。

新理论的形成都需要经过由萌芽到成熟的辩证过程，图书馆知识管理概念的形成也不例外。在信息管理阶段，人们已经在自觉或不自觉地运用知识管理的方法进行有关管理，并初步产生了用于智力资源管理的较为粗略的管理模式，如图书馆专家座谈会、对读者的问卷调查等。在这一阶段，社会经济发展对知识的需求与信息的管理模式较为对称。

随着知识经济的出现，新兴技术的应用、海量信息的涌现使人们在信息管理的基础上，对知识产生了新的需求：希望能在最需要的时间将最需要的知识（而不只是信息）传递给最需要的人。因此，寻求能使知识更有效发挥作用的管理模式成为关键，人们也逐渐将对知识的物质载体量、技术手段先进性、信息搜集范围的注意力转向对包括信息在内的所有智力知识资源进行综合决策并实施管理的方面，以期能满足人们对知识更迫切、更复杂的需要。这种对知识的需求与图书馆管理知识的水平之间呈现出的不对称性，促进了图书馆由信息管理逐步向知识管理模式的转变。

图书馆知识管理的内容包括两个方面，即信息技术所提供的对数据和信息的处理能力和图书馆馆员的创新能力。著名的日本一桥大学（Hitotsubashi University）商学研究所野中郁次郎教授始终强调：只有人类才能在知识创新的过程中扮演核心角色，无论计算机的信息处理能力有多大，它们终究不过是人类的一种工具。图书馆知识管理首次将信息和具有创新能力的馆员同时作为关注的对象，是图书馆理论研究的重要突破。

其实，图书馆知识管理的概念就是：知识管理以"知识"和"信息"为纽带，在"工作"与"人"之间、"书本位"与"人本位"之间、"管理者"与"被管理者"之间找到一个共同的"触发点"和价值观，使图书馆干部职工"各司其职、各尽所能（才能）"，对图书馆形象、图书馆目标和图书馆规章制度形成认同感，产生向心力和凝聚力，并通过理智和情感的压力，自觉自动地、非外部强制地追求与图书馆群体保持一致，既讲究团队作用，又强调团体精神，以达到最大可能的互补增益。

二、图书馆引入知识管理的必要性分析

图书馆是信息管理的组织机构，其工作宗旨是满足用户的各种信息需求。而知识管理的本质在于把信息与信息、信息与人、信息与过程联系起来，不仅对信息的收集、存储、整理与传递进行系统、严密的组织管理，更进一步把握知识间的相互关系，创造一种隐性知识与显性知识互动的机制与平台，从而创造出新的知识去满足社会发展的需要，这一切正是图书馆赖以维系并发展的根本所在。我国图书馆作为信息资源管理的重要机构，应积极吸收现代知识管理的思想，这对于发掘知识资源，推动社会科技进步与知识创新，为自身的生存与发展注入生机与活力具有重要意义。

1. 知识经济时代图书馆可持续发展的需要

当企业在知识经济时代经历巨大变化的同时，各种类型的图书馆也在承受着知识经济的冲击。知识经济对图书馆的影响表现在以下几个方面。

（1）资源环境的变化

资源环境的最显著的 3 个特点是：资源更新和淘汰的速度加快；网络资源、多媒体资源、电子资源等多元信息类型不断增加；资源数量极大丰富，目前信息资源的数量可用海量来形容。

（2）技术环境的变化

计算机技术、存储技术、通信技术以指数速度发展，且还在继续中。这些技术已经或正在被引进图书馆的业务工作和读者工作中，并正在改变着图书馆的工作内容和服务方式。

（3）市场环境的变化

知识经济时代催生了第三产业——信息服务业；咨询公司网络 ISP/ICP，数据库商都加入了信息服务中介的行列。这些信息服务机构遵循的是市场化运作的原则，人员素质、管理机制都优于图书馆。图书馆的信息服务市场面临着逐步缩小的状况。

因此，知识经济时代的图书馆在发展上面临着巨大的挑战：

· 在图书经费缩减或增加不足的情况下，面对多元化信息资源，图书馆应持有何种资源观？是获取储存拥有还是利用？

· 图书馆能否管理好各种载体的信息资源？

· 现代信息技术能否为图书馆充分利用，图书馆馆员是否具有利用现代信息技术的能力？

· 图书馆是否能面对各种信息服务中介机构的挑战？

· 图书馆的功能定位？服务方向和服务方式？

· 馆员是否能从容面对上述变化？

图书馆在新的经济时代，要想获得可持续发展的能力和机会，必须认真思考上述问题。知识管理是知识经济时代适时而生的新的管理思想。实践已经证明，企业知识管理的成功实施，能使他们更好地面对市场，提高竞争力。图书馆在本质上属于知识高度密集的知识型组织，理论上，知识管理思想应更适合图书馆的管理。因此，为了更好地面对知识经济的挑战，图书馆有必要引入知识管理。

2. 国家创新体系的要求

国家创新体系是由科研机构、大学、企业和政府等组成的网络，其系统由知识创新系统、知识传播系统、知识应用系统三个部分组成。适应知识经济时代要求的国家创新体系应具有以下特点：从创新单元看，国家创新体系由科研机构、大学、企业和政府等单元组成；从创新过程看，知识创新活动是经济价值链中核心的一环，由知识生产、知识流动、知识应用等部分组成；从创新环境看，国家创新体系不仅要有规范的市场环境，更需要发达的教育平台、信息平台、文化平台、法治平台的支撑。因此，从国家创新体系的概念和特点来看，作为知识传播和知识服务机构，为国家创新体系服务将成为图书馆的一个重要职能。

因此，为了更好地服务于国家创新体系，图书馆有必要引入知识管理。

3. 知识经济环境及信息技术革新的必然要求

在知识经济时代，知识成为社会发展的驱动力，成为创造财富的主要资本。因此，社会各界尤其是企业纷纷实施知识管理，他们将知识管理看作"智力资本杠杆"，并认为它有四两拨千斤的效能。由于整个社会对知识的关注逐步上升，对知识的需求明显增加，因此为其提供信息、知识服务的图书馆必须也在其内部实施知识管理，否则，不能满足这种社会需求。

图书馆原本就是从事文献与信息整序的"知识管理"领域，对当前这种知识管理外部环境的反映应当尤为敏锐，应及时更新传统的管理观念，积极吸收现代"知识管理"思想，加大对馆内智力资源的开发力度，这样才有能力对社会各界进行知识、信息服务。

此外，信息技术的革新使图书馆的传统职能发生变革，从原来的要求提供文献服务转变为要求提供知识单元服务，因此原有的信息管理也应相应转为知识管理。

4. 图书馆自身发展的需要

随着信息技术和网络技术的发展及其应用的日趋成熟，信息的繁衍速度大大增加。图书馆作为人类知识储存的仓库，现在已经感觉到传统意义的物理馆藏已满足不了信息增长的需求，并积极地引入了网络存储技术，建立了网络数据库，使得信息得以高度集成，减轻了信息增长对书库造成的压力，同时也方便了读者。

但是，随着读者信息需求的层次和专业化程度的提高，信息的继续增长，现存的图书馆管理机制已经很难满足这样的要求。图书馆需要发挥馆员的自主性和主动性，对所收集的馆藏信息进行组织、加工和整合，并且通过相互交流协作，增加知识的专业化程度，形成高精度的、满足多样化用户需求的知识，并且还要简化服务流程，使得所提供的知识能够及时地到达用户。为此，图书馆必须引进知识管理机制，转变传统的管理观念和管理方式，以适应时代对图书馆发展的要求，提供更高质量的服务。

5. 知识管理对图书馆的适用性

传统的信息管理主要侧重于信息的收集、分类、检索、存储和传输等，只是将各种各样的信息以不同方式汇总、组织，方便人们利用计算机进行查询和检索，即只注重对知识资源中的显性知识进行管理。而知识管理除了日常的信息管理外，更注重对员工的隐性知识进行管理，通过激活员工所拥有的隐性知识，以信息技术作为创造发明的手段和杠杆来实现知识共享和知识创新，从这个意义上讲，传统的信息管理只是知识管理的组成部分。传统信息管理是以物为中心的刚性管理，而知识管理是以人为中心的。

6. 网络环境对图书馆的要求

数字图书馆的发展产生的新问题、网络环境下知识产权保护的复杂性都对图书馆的管理提出了更高的要求，图书馆要想在新世纪更好地为知识经济服务，就必须在管理中提高科技含量，运用知识管理的思想和方法提高管理水平，更好地开展知识服务。而传统的图书馆管理主要从人事、馆藏、采购、加工、流通、参考咨询等方面进行，这种管理模式主要是使图书馆的常规工作能顺利开展，但科技和经济的发展要求图书馆提高服务质量，开展知识服务，特别是 e-business、e-science 和 e-learning 在全球的开展，社会对知识和信息的要求越来越高，图书馆的服务也应该突破传统意义的借还工作，紧跟知识社会的步伐，否则就不适应时代对图书馆提出的新要求。而知识管理的目标就是提炼组织内部的知识、加强组织之间知识的交流和沟通，从整体上提高组织的知识含量，从而更好地服务于社会。

三、图书馆知识管理的核心

图书馆引入知识管理模式是知识经济发展对图书馆服务提出的要求，也是图书馆发展所经历的必然阶段。知识经济的到来，要求社会为人们提供接受知识服务的平台，于是各种知识服务机构如雨后春笋般涌现出来，这无疑对传统图书馆的信息核心地位提出了挑战。图书馆的核心竞争能力主要源于它在一些领域的垄断性服务，以及拥有一批具有专业技能的能熟练提供信息参考咨询服务的图书馆馆员。目前，由于信息技术的进步，商业信息服务机构日趋庞大，它们的服务手段及内容已延伸到图书馆的各种服务领域，图书馆长期形成的垄断性服务及其优势正在逐渐消失。然而图书馆馆员多年积累的丰富经验和相应的专业知识，却是图书馆最具竞争力的资源。因此，为适应知识经济社会的发展，图书馆必须实施知识管理，而管理的核心就是对图书馆馆员的智力知识资源进行深入开发，因为人是构成知识体系的基础，它既是知识最为积极、主动的载体，又是知识加工、形成的唯一场所，人与知识是不可分割的统一整体，这在图书馆馆员身上亦不例外。

以人为本，充分开发图书馆馆员的智力知识，是图书馆知识管理的核心和提供知识服务最为有效的切入点。

第四节 图书馆知识管理的内容

知识管理是知识经济环境下发展起来的一个全新的管理理念，这一管理理念已经在知识型企业的管理中得到了成功的应用。图书馆作为知识的宝库，应及时研究知识管理在图书馆中的应用，不断改进现有的工作，与时俱进，实现可持续发展。

图书馆的知识管理要具体研究这样几个内容。

一、图书馆知识来源管理

知识来源管理是整个图书馆知识管理的前提，是图书馆开展服务工作的基础和条件。图书馆知识来源管理的科学有效，可以保证图书馆馆藏资源的合理配置，从而为读者提供更好的服务。

图书馆知识来源可以大致分为三个部分：图书馆内部、图书馆外部和创造知识。

图书馆要进行知识来源管理，首先面对的是从图书馆内部员工获取知识，把零散分布在每个员工头脑中的知识聚合成能够解决业务问题的系统性知识。因为当个人拥有的知识没有应用于解决图书馆问题时，对图书馆来说就是无效的。所以，图书馆知识来源管理就是要对图书馆员工个人实践所形成的经验，或工作伙伴所拥有的知识进行有效分享，从而从图书馆内部有效、科学地获取知识。还可以建立一个为所有图书馆知识使用者提供交流和学习的"虚拟工作室"（知识数据库）。例如，通过建立图书馆内部局域网，为图书馆的内外知识使用者提供一个记录知识产生过程的虚拟工作站。每位知识使用者都可以随时将其工作中的见解、经验乃至灵感等隐含知识以及对有关知识管理活动的理解与看法在工作站上发表，并且对提出的问题和建议给予积极的应答与讨论，在数据库知识管理员的指导下储存知识管理所需的有用信息。

在图书馆外部获取知识的目标主要在出版社、书商、信息服务公司、同行、读者以及行业和相关机关。只有对这些图书馆的外部信息不断地进行收集处理并促进图书馆与外部的交流，才能确保图书馆及时准确地获得外部信息资源。

创造知识是图书馆知识来源管理中的另一个重要方面。众所周知，知识的创造伴随着知识的应用和交流，但是它最终归结为知识的重新生成和知识总量的增加。成功的图书馆常常会通过提高各个部门员工的工作兴趣来增强图书馆创造知识的能力，有的图书馆还允许员工参加和图书馆的日常工作没有太大关系的项目，其目的就是全面提高整体的知识来源。

二、图书馆知识积累管理

知识积累在图书馆的表现就是图书馆馆藏资源，知识积累管理即馆藏资源的管理。这是图书馆开展知识交流和知识服务的基础，也是图书馆存在的基本条件。目前，图书馆的馆藏资源可以分成两大部分：图书馆实体资源、图书馆虚拟资源。图书馆实体资源就是传统图书馆的馆藏资源，它是图书馆存在的基础和前提，是图书馆开展一切服务的条件。图书馆虚拟资源就是指图书馆只拥有使用权，而不拥有所有权的一切数字化资源，包括购买的各种中外文数据库及网络资源。虚拟资源的概念和通常意义上的馆藏资源不同，它不是一种如图书、期刊等那样的实体资源，而是经过网络传递的超越时空的信息资源，是图书馆实体馆藏资源的补充和完善。

图书馆知识积累管理的实现途径主要有：知识的整理、保存和更新，即对实体馆藏和虚拟馆藏进行的整理、保存和更新。

1. 知识的整理

对于图书馆来说，知识的整理即通常所说的对信息资源的有序化处理，使那些杂乱无序的资源按照一定的方式储存起来，当读者需要时可以按照特定的排序和某个检索途径方便快捷地查找出来。

对于实体馆藏如图书、期刊等，可以通过分类、编目、排号以及上架的方式进行有序化处理，这是图书馆对知识进行整理的开始。这样读者就能在浩如烟海的文献信息中迅速准确地找到自己所需要的参考文献。

对于虚拟馆藏资源来说，可以利用学科导航等功能，将分散变为集中，由无序变为有序，方便各学科读者使用。

2. 知识的保存

在图书馆中，知识的保存就是馆藏资源的合理保存。对于实体资源的保存要完成以下任务：广泛地采取知识信息进行有序化、系统化整合；追踪知识创新过程，建立知识评价机制，不断对知识信息去粗取精，建立动态有效的知识库体系；根据知识信息利用者的需要对知识信息进行逻辑编辑，使知识信息能够全方位被社会利用；利用最新的信息加工、传播手段使知识信息被人们共享。

对于虚拟馆藏来说，就是要调研读者需求，确定各个学科资源的类型，同时研究互联网上数据库所涉及的学科及专业信息资源的分布，信息含量与相关程度等，从而保证拥有合理的虚拟资源配置。

3. 知识的更新

对于实体馆藏资源来说，其更新就是馆藏资源的不断补充、完善和剔旧添新的过程。随着科学技术的日新月异，知识更新的频率不断加快，更新周期也日益缩短。这就要求图书馆对于馆藏资源要采取合理的配置方案，去伪存真、去粗取精，保证将健康向上的精神食粮提供给读者。

对于虚拟馆藏资源来说，动态性是其一个重要特征。因此，要经常对虚拟资源进行更新，使其得到不断扩大和完善。

三、图书馆知识交流管理

图书馆知识交流的目的就是使图书馆知识得到充分发挥与利用，并为图书馆创造价值。图书馆的知识交流管理，可以有两种方式：间接交流和直接交流。

1. 间接交流

这是指知识的共享人与知识的使用人之间不需要直接接触，他们共同面对的是图书馆的知识对象——图书馆馆藏资源。即知识的贡献人将知识提供给图书馆，知识的使用人从图书馆中获取自己所需要的知识。间接交流的基础是完善的图书馆馆藏资源。

2. 直接交流

是指知识的贡献人与知识的使用人之间直接进行联系，联系的方式多种多样，可以是会议、培训，也可以是 E-mail 或 Net Meeting，通过一对一或者一对多的形式获得解决问题的知识。

第五节 图书馆知识管理的实施路径研究

一、构建全新的组织架构

图书馆实施知识管理，必须对其传统的组织结构进行改造。传统的图书馆组织是以业务分工为基础的职能部门制，在垂直分段式管理方式下开展图书馆各项业务工作。这种结构造成各部门之间职责分明，联系较少。

随着社会环境和信息技术的迅速发展，图书馆业务结构发生了很大变化，必须形成知识机构重组，形成与时代相适应的组织架构。建立一个适应知识经济社会和创新需要的网络化水平管理方式。知识管理的倡导者提倡运用集体的智慧提高组织的应变能力和创新能力，而设计合理的组织构架是创建图书馆核心能力的一条有效途径。

在进行图书馆组织机构的设计时应该以读者为中心，以用户需求为导向，充分实现服务的专业化、个性化，减少管理层次和重复作业，合理配置资源，增强图书馆运行的弹性，提高工作效率。尤其是在网络环境下，图书馆的组织结构应改变以往固定的等级模式，打破传统的图书馆职能部门之间的界线，以适应功能的不断拓展和变化。在图书馆内部，可以建立一套柔性化、人性化、灵活性的知识型组织结构体系，即扁平型组织结构体系。如采用以团队或小组为基本组织单元的网络化结构组织形式，将更体现跳跃与变化、速度与反应，更强调人的创造力的发挥。在图书馆外部，可以建立"知识联盟"，引进外部知识及经验，以获得能力的扩展和转换。

二、设立知识主管

所谓知识主管（Chief Knowledge Officer，CKO）是指在一个组织内部专门负责知识管理的职员，这是近年来随着知识管理的发展在企业内部出现的一个新的高级职位。对于图书馆来说，图书馆是知识收集、加工和传递的中心，同样应该设立知识主管。

1. 知识主管的职责

（1）创建学习型图书馆

配合图书馆文化，将图书馆建设成为学习型图书馆，根据职务与工作任务来规划教育重点，聘请及培养教师，制作讲义与教材，落实知识管理与应用，让图书馆所有员工能真心向学，乐意分享知识，成为知识工作者。

（2）培养知识管理人才

利用现有人力资源，根据知识分类管理培养知识管理师，以便知识整理、汇总、管理与应用。

（3）建立图书馆内外部知识库、经验库和人才库

图书馆有很多知识是隐性的，如何把知识显性化、标准化，建立知识库、经验库和人才库，制订标准流程与作业，定期整理知识，事前更要仔细规划。

（4）规划图书馆网络应用环境

知识流通要善于运用网络，如局域网络、图书馆内部网络与互联网络，让员工能快速取得所需知识，促进图书馆馆内知识的分享与交流，协助个人与单位的知识创新活动。

（5）情报收集

情报注重准确与速度，收集情报可掌握先机，了解发展趋势，是不能忽略的工作。

（6）扮演图书馆知识的守门员

适时引进图书馆所需要的各项知识，或促进图书馆与外部的知识交流。

（7）指导图书馆知识创新的方向

对图书馆整体有系统地整合与发展知识，强化图书馆的核心技术能力，应用知识以提升技术创新、知识产品与服务创新的绩效以及图书馆整体对外的竞争力，扩大知识对于图书馆的贡献。

（8）形成有利于知识创新的图书馆文化与价值观

促进图书馆内部的知识流通与知识合作，提升馆员获取知识的效率，

提升图书馆个体与整体的知识学习能力，增加图书馆整体知识的存量与价值。

（9）对图书馆进行全方位知识管理

对知识来源、图书馆服务信息、用户需求与意见反馈、知识产品管理和服务部门的知识进行整合与处理，进而提供决策分析信息与知识研发方向。

2. 知识主管的任职条件

知识主管工作极富创造性、挑战性和探索性。其可贵的素质和能力不在于是否具备某个行业的经验，而在于是否具备以灵活的创新方式管理知识并能出色地领导组织的能力。知识主管一般需要其后备人选具有战略思考的能力、强烈的使命感和适当的个性品格。

（1）知识背景

知识主管要能够从组织全局角度出发创建、维护和利用知识库，将硬设备与软技术有机地综合起来。作为高级管理人员，知识主管应该有丰富的管理知识与经验。要有图书馆学、情报学知识，在知识管理方面具有丰富经验，如知识创新、传播和应用，具备知识经济、知识管理的基本概念与理念，从而具有在工作过程中探索知识管理的能力。作为技术环境建设者，知识主管要了解信息系统、信息技术和通信技术，熟悉知识组织技术，如群件技术、互联网技术等，把握信息化的发展趋势。伦敦商学院信息管理研究中心主任 M. J. Earl 曾经说"知识主管要了解何种技术有益于收集、存储、挖掘和共享知识"，从而配合领导的技术工作。

（2）职业背景

作为环境建设者和技术专家，知识主管需要具有宽广的视野。丰富的职业经历是知识主管的优势。知识主管的管理职责要求其具有较高声望和良好信用，在其组织内部具有一定的地位，拥有良好的形象，能赢得广泛的信任。在组织内的长期经验和成功业绩，有利于知识主管了解组织结构、文化及重要领导成员，有利于被他人接纳、开展工作和形成影响。

（3）个性品格

虽然职业经验丰富和熟悉组织流程、结构是理想知识主管人选的重要条件，但是知识主管的个性品格更为重要。

第一，知识主管要乐于社会交往，愿与他人建立密切的关系。一般组织成员的职责始终是向上的，而知识主管其职责是双向的乃至多向的。知识主管要跨部门工作，寻求横向解决方案，经常需要借助说服力、个人影响力、责任要求等开展工作，因此应具有较强的人际沟通能力。

第二，要有强烈的经营战略愿景意识，以及战略性地改变其组织使用知识、评价知识、增强经营优势和改进客户满意度方面的强烈信念，能承担复杂的战略需求评价工作。

第三，要有使命感和有所作为的愿望，富有活力和感染力，不以个人赞扬为工作动力。对知识管理事业极富热情，迫切希望通过知识管理提高组织竞争力，证明知识管理的必要性与可行性。

第四，无私而热情。知识主管应是利他主义者，甘当配角和幕后英雄，他们关心知识管理能否成功，而不在意成功归于谁。

第五，心态稳定，乐观温和，处事果断，能承受压力和敏感的形势。适应自身的工作和生活，既雄心勃勃又满意所有。

第六，具有创新精神。具有开放性思维，乐于尝试新事物、新方法。既对知识现象好奇，又对其新角色富于思考。许多知识主管都清楚担任一个未明确定义的全新职位的个人风险，但他们不怕冒险，将新工作视为开创一种新事业和培养一种新能力的机会。

第七，性格愉快，易于相处，耐心周到。适当考虑个人需求，既乐于合作，又不排斥竞争。

第八，具有团队精神。信任他人，富于同情心，但又不被利用。

第九，自主性、灵活性。既能在指导原则下工作，但又不拘泥于固定原则，必要时能超越指导原则。

三、构建图书馆知识库

实现图书馆的知识共享是图书馆知识管理的目标之一。传统的知识传递手段常常受到多种因素的制约，既有主管因素又有客观条件，有时不能将准确的知识传递到需要的人手中，有时传递到使用者手中的又是一些不需要的知识。如果图书馆将各个部门、各个岗位的专业知识体系分门别类地提炼出来，形成具有本馆特色的知识库，就可以有效地进行知识传递和知识共享。

知识库按使用种类分主要有：文献知识库、自建知识库、检索专家知识库、智能知识库、概念知识库、特色知识库等多种形式。

1. 文献知识库

这是基于文献知识单元的知识组织，主要以特定学科的科技论文为知识源，研究视点既有别于文献为单元的知识组织，又不同于以数据为单元的知识组织，而是将二者有机地结合起来，扬长避短，利用语言学及计算机技术的相关成果，解决文献管理中的知识组织问题。主要特征：在系统存储知识的方式中，文献库的基本思想是以文献所反映的知识单元为基础存储知识。不同学科、不同研究对象的知识单元其构成要素不同，应采用不同的知识表示。国际知识组织学会（ISKO）研究表明，分类法和叙词法的研究理论基本完全可以用于各种知识组织和表示各种一般的和特殊的系统。这一点为文献知识库研究提供了知识组织理论基础。文献知识库中，知识表述结构性较强，特别是科技论文形式的文献，这是文献知识库与其他知识库的区别之一。

2. 自建知识库

在多数大学图书馆集成系统中提供有关图书馆业务和用户活动的一部分信息。这些信息可用于创建显性组织知识，以便于通报服务项目、指导业务工作、衡量目标实现过程。通过利用现有的数据创建知识库，使图书馆集成系统大大增值，自建知识库中还包括用户服务中的问题及其解决方案、专利、特殊技术等显性知识。

3. 检索专家知识库

它主要包含检索专家的知识和经验，如检索语言学知识、主题领域知识、检索技巧、检索系统及数据库知识、用户知识等，用以辅助用户进行选词、选择数据库、构造检索式等。

总之，图书馆知识管理系统中，一个知识平台可以支持多个知识库，每个知识库具有适合于特定类型知识内容的知识结构。将这些知识库以逻辑方式连接起来，形成一个混合或虚拟的知识库，每个知识库的内容为诠释其他知识库的内容提供背景知识。在创建和分布知识库过程中，要依托先进的信息技术手段，完成知识加工处理的 5 个步骤，即：①收集，包括组织内外部知识源中获取的知识。②加工，收集到的知识入库前必经的一个增值（加工）过程。如标记、索引、排序、摘录、标准化、集成化重新分类等。③存储与检索，它将对知识的逻辑分布与知识库的连接起到桥梁作用。④分布，建立使知识库中的内容可以存取的各种机制。⑤演示，知识的价值体现将会受知识应用的背景因素所影响，因此要提供各种排列、选择和集成知识内容的功能。在知识库的组织建设中满足知识的递增、关联、检索等要求，提供相应的统一接口，用以实现知识库的自动增、删、改等递增建设需求。知识库必须具有充分的自主性，最大限度地减少冗余，自动完成自身数据一致性检索；必须建立高效的入库机制、高效的知识服务界面、设计合理的服务方案，才能实现知识的高效服务。

四、设计开发图书馆知识管理系统

图书馆知识管理系统是支持图书馆知识管理的工具与技术。它既是一种具有知识库管理能力和协同工作能力的计算机软件系统，又是一种能够为用户或图书馆员工提供决策和完成各项任务所需知识的网络系统。知识管理系统的目标是在图书馆、员工、用户三者之间建立动态的知识交流机制，促进隐性知识与显性知识、个人知识与集体知识的相互转化，提高图书馆知识服务水平及其核心竞争能力。知识管理系统是图书馆信息管理系统的进一步延伸和拓展。与图书馆信息管理系统相比，图书馆知识管理系统在管理原则、管理对象、管理方式和技术等方面有所拓展与深化。

目前，国内外已经涌现了多种知识管理系统模式，包括基于层次模型的知识管理系统、基于一般系统框架的知识管理系统、基于知识生命周期的知识管理系统、基于知识实践框架的知识管理系统、基于资源的知识管理系统、基于 XML 的知识管理系统等。不论是什么模式的检索系统，都主要由图书馆知识资源、技术资源、人力资源、组织资源与图书馆知识网络五部分组成。

图书馆知识资源可分为内容资源与模式知识资源两部分，其中内容资源是指本身可以独立于图书馆而存在的资源，包括参与者知识与知识人工制品，其中参与者知识是指员工、用户、供应者、伙伴、顾问与计算机系统所拥有的知识，包括个人隐性知识（如专门知识、创造力和无法解释的诀窍）和个人显性知识（如可解释的个人知识、技能）；知识人工制品是指传达或描述知识的一种对象，如录像带、书籍、学术论文集、已出版职业计划、手册、专利文献、档案资料、设备与设计图案以及其他知识型产品；模式知识资源是指本身依赖于图书馆而存在的资源，包括图书馆文化、基础设施、目的与策略。

图书馆技术资源是支持图书馆知识管理实践的各种技术，包括群件技术、信息技术、Web 浏览器、记录管理、查询与检索、数据挖掘、可视化、推技术、群体决策支持、智能代理、内部网、Web 创作工具（如 HTML 编辑器、图表设计工具、专用动画包、流视频/音频工具）、文件/内容管理系统、协作软件、搜索引擎、图书馆信息管理系统和知识门户软件。

图书馆人力资源是图书馆内具有劳动能力的人的总和，通常用图书馆员工的数量和质量来表示。图书馆人力资源的质量体现为图书馆人的思想道德观念、敬业精神、工作热情、知识水平、专业水平、智慧、技能（包括知识创新能力、知识获取能力、知识组织能力、管理协调能力等）等。把社会的外在人力资源（用户好友）纳入到图书馆人力资源中，可以说是一种广义的图书馆人力资源观。在图书馆知识管理系统的建设过程中，应从广义的图书馆人力资源观出发，着重于图书馆内部人力资源质量的提高，为图书馆知识管理的运营提供原动力。

图书馆组织资源可分为有形资源和无形资源两类，有形资源包括财务资源和实体资源（如图书资料、数据库、信息通信技术设备、信息加工设备等）；无形资源主要是指无形资产和组织资产，其中无形资产是指名誉、网络、公共关系、合同、专利、契约、知识产权、商业秘密和商标等，组织资产是指图书馆文化（如共享知识的愿望、质量的感知、管理变化的能力、服务的期望）和组织程序（如知识生产过程、弹性工作流、持续过程改进、学习周期、管理系统）。

图书馆知识网络是知识参与者间的一种社会网络，能够实现个人、团体、组织与内部等层次上的知识创造与传递。它把技术能力和人的能力连接起来，实现智力资本、结构资本和客户资本的有效结合。图书馆知识网络由内部网（如图书馆自动化管理系统、电子馆务平台等）、馆际网和互联网组成。它不仅把图书馆内外各种资源连接起来，形成一个有机的整体，而且也为图书馆知识管理系统的运行提供了一种空间与环境。

五、构建图书馆知识管理环境

"知识环境"是指在组织内部建立一系列行为准则和激励体制，使组织建立起适应知识管理的文化及行为模式。构建知识管理的"环境"，是建立知识管理系统的基础，是进行知识管理所必要的、不可缺少的条件。图书馆要实施知识管理，不但要建立包括以信息技术为基础的知识管理系统等基础设施的"硬件"环境，还要构建知识型图书馆文化及相应的管理机制、用人机制等"软件"环境，通过全面提高馆员的素质，提高图书馆的应变能力和创新能力。

1. 建立知识型图书馆文化

组织文化是在一定社会历史条件下体现组织特色的文化观念、文化形式、行为模式以及与之相适应的制度，体现了组织及其成员的价值准则、行为规范、共同信念及凝聚力。建立知识型图书馆文化是新世纪的呼唤，也是历史发展的必然。未来社会最大的资源是智力，最大的财富是智慧。知识管理的核心是人力资本，而人力资本这个战略资源又通过人的知识技能、经验和熟练程度来体现，表现为人的能力和素质。

未来图书馆的竞争将是服务的竞争，而竞争归根到底是图书馆人力资源总体实力上的竞争，即关键在"人"。人力资源的开发和管理离不开适宜的组织文化环境。图书馆要加强服务意识，充分发挥知识的作用，更好地服务于社会，就必须将馆员看作最重要的资源，必须培养一种适于知识交流、共享和开发的新型图书馆文化。这就要求在文化建设上去适应形势的需要，去体现这种文化精神。因此，管理者应该解放思想，敢于突破固有的思维模式，把管理模式由控制转为支持，由监督转为激励，由命令转为指导，造就一种共享知识的行为环境和奋发向上、勇于创新的文化氛围。

（1）人本管理

人本管理是实施知识化管理、提高组织竞争力的重要环节。所谓人本管理就是以"人"为本的管理，即把人视为管理的主要对象及组织的最重要资源，通过激励、调动和发挥组织成员的积极性和创造性，引导成员去实现预定的目标。在知识经济时代，图书馆实行知识管理，就是强调馆员的价值和作用，提出"图书馆馆员第一"的管理理念，正体现了图书馆从对"物（书）"的管理到对"知识"的管理的观念创新。实际上，强调"图书馆馆员第一"的管理理念与以往提倡的"读者第一"的管理理念并不相悖，正因为它强调调动图书馆馆员的工作积极性，激发其潜能和创造性，提高他们为用户服务的能力和水平，从而才充分体现了"读者第一"的辩证思想。

（2）构建学习型组织

学习型组织就是把学习者与工作系统地、持续地结合起来，以支持组织在个人、工作团队及整个组织系统这三个不同层次上发展。知识经济条件下的竞争是知识和知识创新能力的竞争，组织的学习能力是最终的竞争优势。学习型组织融入了当代"终身教育"思想，把学习作为组织的生命源泉。21世纪，图书馆馆员将担任更重要的角色，他们应当成为知识组织者、知识中介、知识教导员、知识创建和出版者以及知识的合作与倡导者。环境对图书馆整体及馆员自身都提出了非常高的要求，图书馆必须加强团队学习，努力构建"学习型组织"，才能获得可持续发展的竞争力。图书馆通过构建学习型组织，可以促进图书馆内部的知识流通与知识合作，促进隐性知识的显性化和知识的共享，提升馆员获取知识的效率，提升图书馆个体与整体的知识学习能力，增加图书馆整体知识的存量与价值，形成有利于知识创新的图书馆文化与价值观。所以，图书馆要把人才作为组织的重要财富，为他们的个人发展和学习创造条件。要尊重、引导、激励馆员学习的自觉性和积极性，加强其现代信息技术、网络知识及现代知识组织理论和方法的学习，经常开展图书馆内部的培训和知识交流，营造宽松的学习氛围，培养馆员全新开阔的思维方式，使他们创造知识和利用知识的综合素质得到提高。

（3）建立激励机制

知识管理注重的是对人和人产生知识的过程的管理。所以，图书馆应把开发馆员头脑中的知识资源作为提高效率的重要途径。要调动图书馆馆员的积极性和创造性，促使他们将图书馆拥有的信息转化为知识，满足用户，赢得用户，促进图书馆自身的发展，注意引导和发挥馆员的潜能和创造力，提高其为用户服务的水平，才能真正体现"读者第一"的图书馆管理理念。要实现对人力资源的开发管理，就需要相应的激励机制与之配合，因此，图书馆必须深化管理体制改革，彻底摆脱传统的、封闭的、僵化的管理体制，逐步建立起与信息化社会和市场经济体制相适应的科学、高效的现代化管理体制与运行机制。鼓励创新，保护人才，尊重人才，吸引人才，完善各类人才的选拔使用、考核评价和激励监督的制度。如建立"知识管理目标发布制度"、"知识成果稽核与评价制度"、"知识成果奖励制度"、"知识晋升制度"、"知识培训制度"等。通过一系列工作激励、成果激励和培训教育激励等措施，促进知识宽松交流与共享环境的形成，鼓励馆员的创新精神以及自我价值的实现。

2. 设计有效组织

知识管理倡导运用集体的智慧提高组织的应变能力和创新能力。设计有效组织是创建组织核心能力的一条有效途径。面对现代信息技术的挑战和不断变化的用户需求，图书馆必须强化组织结构的设计，积极引进企业为实施知识管理而进行的"业务流程重组"（Business Process Reengineering，BPR）或称"企业再造"的管理思想，重新调整图书馆的组织结构和内部关系，进一步增强自身的适应性和竞争性。

3. 积极采用现代信息技术

知识管理的实现必须以先进的信息技术的选择与应用为基础。在以计算机和通信技术为基础的知识经济时代，信息技术已成为知识服务的重要工具，它们是知识的发掘、存储、传播与共享等方面的基础。例如，在由信息向知识的转化处理上，可利用数据仓库、数据挖掘与人工智能技术来获取信息中的隐含知识；在知识的存储与传播上，可利用大型数据库技术、新型检索技术、智能代理搜索引擎、网络技术与群件技术等，保证知识的充分共享。以信息技术为核心的新技术革命给图书馆带来强烈和深远的影响，导致传统图书馆的基本运作方式、处理对象和方法的变化。图书馆馆藏逐步实现数字化和社会资源的馆藏化，使传统图书馆正在向数字图书馆、虚拟图书馆发展。网络环境改变了图书馆以往的服务模式，使图书馆之间的资源共知、共享、共建成为现实。图书馆将改变以往分散自治的封闭形象，走向分工协作、共同发展的道路，以电子网络（互联网、内部网和外部网）为介质的"社会-技术-知识"网络终将形成。

第六节　图书馆知识管理的评价研究

一、图书馆知识管理的目标分析

知识管理是一项复杂的系统工程，其引入、实施也是一个分阶段逐步实现的循序渐进的过程。确定知识管理的目标至关重要。原因在于目标是所有管理活动的起点，也是 PDCA（Plan，Do，Check，Act）管理循环的依据，是管理绩效评价的标准。没有目标体系，绩效评价也就无从谈起。

图书馆知识管理的目标按其发展阶段组合为如下 3 类：

1. 短期目标：知识共享

图书馆知识管理第一阶段的目标是"知识共享"。所谓知识共享，是指实现图书馆内部和外部知识的整合，把原来分散控制的知识转变为由图书馆整体共享，发挥出知识的"外部性"和"溢出效应"，促进图书馆效率、效益的提高。知识共享包括两个层面的内容：馆员之间交流时其隐性知识和显性知识之间的转化；知识在个人和组织之间的流动。知识共享的核心在于用最佳方法来进行知识交流，使个人知识为组织成员所共享，可以有效发挥组织内个体成员的知识学习能力和开发潜能，有利于形成知识创新的组织文化。

建立图书馆内部网，是建立馆员之间联系的最好方式。通过网络，建立图书馆传播知识的系统，主要由存储、传输网络和应用系统 3 个部分组成。知识库系统，即知识的集合，是该系统的核心。对知识库管理的目标主要有两个：一是将隐性知识转变为显性知识；二是将个人的知识库转变成组织的知识库。这两个目标是一致的。个人的知识上升为组织的知识的同时，其隐性知识也必将转变为显性知识。借助于信息传输网络和应用系统，知识库系统成为一个开放的系统，获取知识的范围更广泛，延伸的领域更宽广。

2. 中期目标：知识创新

图书馆知识管理的中期目标，就是要建立基于知识的一系列竞争优势。知识创新是图书馆实现自身竞争优势的核心。馆员利用自己独特的知识和能力，通过对信息和知识的深层次加工，形成有独特价值的知识产品，解决用户凭自己的知识和能力所不能解决的问题，从而实现自身在社会知识创新、知识扩散和知识应用链条上的独特价值。

知识重组和知识再造是该阶段的两个重要环节。知识重组是在特定目标指引下，寻求知识间的内在联系及未来动向，形成动态知识系统的过程。知识再造是在知识重组的基础上，通过图书馆馆员的智力劳动，在现有知识水平、知识联系及知识未来水平预测的基础上形成新知识的过程。这种新知识表现为决策所需求的知识方案、设计方案及知识产品。一些独特的知识产品如数据库、知识库、智能工具、应用软件或电子出版等，往往可得到版权或专利权的保护，使图书馆拥有自主知识产权。在知识经济时代，拥有自主知识产权的多少将成为衡量图书馆知识管理水平的重要指标之一。

3. 长期目标：知识服务

根据图书馆作为社会经济组织的首要属性及其涉及的相关利益主体，可将图书馆长期目标的具体内容设定为以下 4 个方面：效益、馆员满意、读者满意和社会贡献。知识服务是图书馆连接用户和市场的纽带。在知识经济时代，直接支持用户知识应用和知识创新过程的知识和能力成了图书馆的核心能力，基于这种核心能力的知识服务是图书馆实现其社会价值、参与知识市场竞争的有效手段，在图书馆知识管理中占有重要地位。

知识服务的方式可以归纳为知识信息导航、知识信息评价、知识信息咨询和知识营销 4 种方式。从图书馆功能出发，"以读者为中心"是现代图书馆最高理念之一，图书馆的生存发展必须以读者满意为基础，所以读者满意是价值创造的必然内容。图书馆馆员是图书馆知识服务的页献者，其满意水平也是实施知识管理的长期目标之一。图书馆通过产品知识宣传创造市场需求，实现知识产品的商品化和市场价值，知识营销可以提高图书馆的效益。最后，图书馆作为一个微观社会主体，其生存发展也必须考虑对社会的贡献水平。所以，社会贡献也必然成为图书馆知识管理的长期目标。

二、图书馆知识管理评价指标的确定

图书馆知识管理的目标是否实现，知识管理的效果如何，最终需要一个体系进行检测，对知识管理的绩效进行评价有助于改进知识管理实践。对图书馆知识管理状况的评价研究，可以使管理者了解管理中存在的不足之处，了解影响组织发展的关键因素所在，为图书馆知识管理的顺利实施打下基础。

根据知识管理的定义、内涵、目标和相关活动，在总的目标下，从 5 个角度对图书馆进行评价：资源结构、组织结构、图书馆文化、知识管理系统和馆员竞争力，这些成为检测知识管理绩效的二级指标体系。根据美国著名的知识管理专家斯威拜的论著，又将这些指标分为反映组织增长和创新能力的指标、反映组织效率的指标和反映组织稳定性的指标 3 类。三级指标为一些具体的指标，指标分解如下。

1. 资源结构

图书馆资源结构主要是指图书馆以用户需求为依据，以图书馆类型、目标和任务为依据，经过系统化、长期化采集和加工而形成的具有不同学科内容、不同类型资源、不同级别收藏、不同媒介的资源的综合体系。资源结构包括纸本、多媒体、缩微、电子以及数字资源等多种形式。

评价准则为资源的经费投入、成本核算、资源的标准化、整合能力、资源的加工能力、再组织能力、易用性、可获取性、可持续发展能力和共享能力等。

2. 组织结构

组织结构是组织的骨架和黏合剂，是组织实现知识管理的关键。为了挖掘人力资源，组织必须更多地运用馆员的知识。组织结构功能之一就是建立一系列类似数据库一样的体系，在这个体系中鼓励馆员相互沟通和学习。除了加强人员联系外，组织结构还有另外一个重要的功能。许多管理者已经意识到，越来越多有价值的东西存在于人们的头脑中，一旦人员离开，这些价值也就随之而去。管理者一直在寻找解决这个问题的方法，即寻找即使发生人员流失图书馆仍然可以留下和利用这些知识的方法。组织结构利用设立标准和程序可以达到这一目的。

组织结构的评价准则包括对知识管理战略的制订，图书馆内部结构的投资、内部信息处理系统的投资、支持人员的比例、员工周转率、洛奇比例与员工资历、鼓励员工的激励机制和考核、组织知识学习能力、知识管理者的领导能力以及支持知识管理的环境等。

3. 图书馆文化

图书馆文化主要是指图书馆与读者、社会其他部门、其他图书情报机构以及与图书馆有业务往来关系的客户关系的综合评价。这些关系与图书馆的发展水平、领导能力、国内外影响力以及与外界交流程度密切相关，直接反映的是图书馆的影响因子和图书馆信息服务能力的大小，图书馆影响力的提高有助于城市知名度的提高。

评价指标：图书馆的外部网（图书馆对外的窗口）、与读者沟通和协调能力、个性化服务、读者类型多样性（单一用户、整群用户、外单位用户）、知识共享程度（馆际互借、文献传递、服务联盟）、合作方满意度、用户满意度等。

4. 知识管理系统

知识管理系统是采用计算机技术、信息技术等现代技术手段实现知识管理的系统，在这个系统里包含了对人的管理和对知识的管理。知识管理系统的目标是通过对各种知识的连续动态管理，增进图书馆对知识的捕获、开发、利用、创新的意识和水平。通过知识生产率的提高带动图书馆效率的提高。知识管理系统有四项基本功能：发现知识、显性知识交流、隐性知识交流和知识应用。

图书馆的知识管理系统的评价指标主要有：数据管理能力、数据更新能力、通信协作能力、智能代理能力、可维护性、安全性、易用性、专用性、技术简单性、响应速度等。

5. 馆员竞争力

馆员竞争力是指图书馆内部所有成员的知识、能力、技术、经验等。馆员竞争力是图书馆最重要的资产，也是图书馆创新能力最强的资本。图书馆的知识管理就是要尽可能有效地挖掘馆员的潜能和专长，这对组织创新具有战略性的意义。

评价指标有：知识馆员工龄、知识馆员比例、馆员受教育程度、知识馆员收入、知识馆员资历、馆员满意度、馆员的交流与学习能力、馆员的继续教育等。

三、知识管理评价模型

知识管理的绩效评价可以借助于不同的评价与分析方法，如数据包络分析法、层次分析法、平衡记分卡法、模糊综合评价法等。但由于图书馆知识管理绩效评价存在许多不确定的因素，且各因素之间也不存在绝对明确的界限，因此，对图书馆知识管理绩效的评价更适合采用模糊综合评价法。

1. 模糊综合评价法简述

模糊综合评价是知识管理水平分析的基本方法之一。模糊分析是建立在模糊集合基础上的一种评价方法。它的特点在于其评价方式与人们的正常思维模式很接近，用程度语言描述对象。在定性因素的评判过程中，许多模糊现象如组织管理制度、企业领导人等很难明确地划定界限，无法用通常的简单数字来表达，所以只能用模糊数学来处理。

模糊综合评估的数学原理，首先考虑到影响知识管理能力的量的确定是模糊的，也就是在确定了知识管理能力指标体系之后对各因素指标标准首先不做定量处理，而是由评估专家对各因素指标标准进行模糊选择，然后统计出专家群体对评估因素指标体系的选择结果，再按照所建立的数学模型进行最后计算。模糊评估法的过程就是先从定性的模糊选择入手，然后通过模糊变换原理进行运算取得结果。

2. 模糊综合评价模型的构建

（1）指标体系的构建：根据对影响知识管理综合能力因素的分析，综合地反映知识管理能力的各项指标，利用层次分析法，从资源结构、组织结构、知识管理系统、图书馆文化和馆员竞争力等多方面来构建知识管理综合能力评价指标体系。

（2）确定评价指标集 $A = \{A_1, A_2, \cdots, A_n\}$：

依据综合评价指标体系，设立评价指标集 A，一级评价指标 $A = \{A_1, A_2, A_3, A_4, A_5\} = \{$资源结构、组织结构、知识管理系统、图书馆文化馆员竞争力$\}$。二级评价指标 $B_i = \{B_{i1}, B_{i2}, \cdots, B_{ij}\}$，其中 $i = 1, 2, \cdots, n$，n 为一级指标数，j 为一级指标 A_i 含有的指标数。

（3）确定指标权重集 $K = \{K_1, K_2, \cdots, K_n\}$：

所谓权重系数是表示某一指标在整个指标体系中具有的重要程度。某种指标越重要，则该指标的权重系数越大，反之，权重系数越小。我们可以通过专家打分法和层次分析法来确定各指标的权重。

（4）确定评语集 $U = \{U_1, U_2, \cdots, U_n\}$：

评语集是对各种指标作出可能结果的集合，可请专家进行评估定级。我们根据知识管理能力评价的目的，建立评语集 U：$U = \{U_1$（强），U_2（中），U_3（一般），U_4（较弱），U_5（弱）$\}$

（5）从 A 到 U 的模糊关系可以用模糊评价矩阵 R 来描述：

$$R = \begin{bmatrix} r_{11} & r_{12} & \cdots & r_{1n} \\ r_{21} & r_{22} & \cdots & r_{2n} \\ \cdots & \cdots & \cdots & \cdots \\ r_{m1} & r_{m2} & \cdots & r_{mn} \end{bmatrix}$$

式中，$r_{ij}(i=1,2,\cdots,m; j=1,2,\cdots,n)$ 表示对第 i 个评价指标作出的第 j 级评语的隶属度。

$$R_{ij} = \frac{w_{ij}}{\sum_{l=1}^{n} w_{ik}}, \ l=1,2,\cdots,n$$

（6）利用模糊矩阵的合成运算，得出综合评价模型为：

$$P = K \cdot R = (P_1, P_2, \cdots, P_n)$$

　　设 $W = (w_1, w_2, \cdots, w_n)$ 是分数集，它是一个列向量。其中 w_i $(i = 1, 2, \cdots, n)$ 表示第 i 级评语的分数。

　　(7) 利用向量的乘积，计算出最终评估结果 F：

　　F 是一个代数值：$F = P \cdot W$，F 分值越高，表示知识管理能力越强。

第六章
图书馆科学管理
探索与实践研究

结合近些年图书馆界科学管理的理论研究和图书馆管理实践，本章探讨了图书馆科学管理的具体方法和管理模式。

第一节　图书馆文化管理研究

当翻开图书馆管理的所有著作和教科书，我们会发现它们无一例外地将科学管理作为图书馆管理的理论基础，并大量应用科学管理的理论与方法，形成了国内外各式各样的图书馆管理理念、模式与实践，以至于学院派的论著从 20 世纪 80 年代的"图书馆科学管理"过渡到 90 年代以来等同于科学管理的"图书馆管理"，而管理实践上逐渐开始讲"科学"，同时把科学管理具体到制度管理、质量管理等。

科学管理原理一直是管理学的支柱，作为现代管理的标志，促进管理从经验走向科学化，是管理历史上最伟大的贡献，功不可没。然而，由于生产力的进步以及环境引发的管理问题复杂化，科学管理的局限性愈加突出并被学界普遍认识，于是产生了管理科学和行为科学两大流派，科学管理注重加快生产速度，降低成本和提高效率，行为管理更注重经营方针与目标的确定，以提高效果；后者重视人的积极因素，把人看作管理的主体，实现"以人为中心"的管理。

清华大学经济管理学院人力资源与组织行为系（现为领导力与组织管理系）教授张德认为，纵观世界企业管理的整个历史，可以看到大致经历了经验管理（1769—1910 年）、科学管理（1911—1980 年）、文化管理（1981 年至今）三个阶段，其总体趋势是管理的软化。经验管理的特点是主要经营者靠个人的直觉和经验进行决策和管理，而科学管理主要靠科学的制度体系实现高效率。发端于 20 世纪 30 年代，流行于 60～70 年代的行为科学，力图纠正和补充科学管理的缺陷和不足，80 年代兴起的企业文化理论正是这种努力的最新成果。企业文化理论完整地提出了与科学管理不同的管理思想和方法，成为世界管理的大趋势。

一、图书馆组织文化

图书馆组织文化，也称图书馆文化（library culture），来源于组织文化（organizational culture）理论在图书馆管理中的应用。组织文化，顾名思义就是指文化存在于组织中，如同文化存在于社会中，任何一个组织皆有其共同的价值、信念、假设、规范、仪式、人工制品和行为模式等，它们存在于组织中，并影响组织成员的外在行为。组织文化的另一层意思是作为观察和思考组织行为的方式，用以解释和预测组织或其他成员在不同的环境下如何采取行动，而组织如何采取行动受其基本假设所影响，此种假设是无所知觉、被视为理所当然的事情。

1. 图书馆组织文化的内涵

组织文化是企业管理中的一个概念，国外关于组织文化的定义就有 160 多种。组织文化（organizational culture）或称企业文化（corporate culture），源于 20 世纪 70 年代末 80 年代初的美日比较管理学研究。美国学者发现，美国企业管理过分重视物、重视制度和组织结构，应转而重视人、重视企业广大员工。1981 年，斯坦福大学帕斯卡尔和哈佛大学阿索斯西教授的《日本企业的管理艺术》引述彼德·德鲁克的见解，企业管理不仅是一门科学，还应是一种文化，即有其自己的价值观、信念、工具和语言的一种文化。

图书馆学界对于文化的研究比管理学界更晚一些。南开大学柯平教授曾利用 CNKI 中国学术期刊网络出版总库的篇名检索进行了研究，发现国内最早涉及图书馆文化的是 1989 年王胜祥作者发表在《黑龙江图书馆》第 3 期的论文《论图书馆文化》。

至于对图书馆文化的认识，历来众说纷纭。根据图书馆界作者胡芳的综述，关于图书馆文化的内涵就有十种观点。纵观已有的研究，我国关于图书馆文化的理解与探索是沿着两种价值取向和研究路向进行的。一种是伴随着"文化热"，从广义文化的视角，将文化学说应用于图书馆学，将图书馆视为一种文化，如王惠君和荀昌荣的著作《图书馆文化论》（湖南大学出版社 2004 年）、柯平和闫慧的《由图书馆现象所凝聚的物质文化、制度文化和精神文化组成的图书馆文化》，源于国内外关于图书馆文化特性的理论，与阅读文化、信息文化等相关联。另一种是基于管理学的企业文化理论，从狭义的文化视角分析研究图书馆作为组织的文化，如王世伟的研究和贺子岳的研究等。

从当前图书馆建设需要以及图书馆管理创新的理论需要出发，从组织文化的视角加强图书馆组织文化研究，既有图书馆学理论发展的战略意义，又有图书馆事业发展的战略意义。基于以上认识，本书认为，对组织文化泛化的理解或者狭义的理解都是无益的，套用物质文化、精神文化与制度文化三个层面到图书馆组织中，易于牵强附会寻找对应，而将组织文化仅仅界定为价值观体系又难以反映图书馆的组织特点。介于两者之间，可以将图书馆组织文化界定为作为一个组织所建立的行为规范以及图书馆全体成员所表现出的信念与价值观，前者是图书馆组织文化的外显或外在层面，后者是图书馆组织文化的内隐或核心层面。

2. 图书馆组织文化的兴起

图书馆组织文化的兴起一方面是管理大趋势下图书馆管理的必然趋势，从科学管理到文化管理不仅仅是管理学界的必然要求，也是图书馆管理的必由之路。另一方面，我国图书馆管理从整体上看，与国外相比还比较落后，随着改革开放以来图书馆的快速发展，图书馆硬件建设突飞猛进，在馆舍、设施设备、技术等许多方面已接近或超越国外先进水平，经费与人力资源差距也逐渐缩小，但在软件建设与管理方面相对比较薄弱，在服务营销、法规标准、统计与绩效管理、职业认证、战略规划等方面存在着较大差距，特别是组织文化建设还没有成为图书馆界的强烈意识与普遍行动。

因此，图书馆组织文化建设，是我国图书馆事业发展战略的要求，也是图书馆业务与管理的迫切需要，必须引起图书馆界的高度重视，充分认识图书馆组织文化，将图书馆组织文化建设写入图书馆战略规划，并提到图书馆日常工作的议事日程。

3. 图书馆组织文化建设的意义

当前，我国图书馆进行组织文化建设具有十分重要的现实意义和战略意义，可归纳为以下几个方面。

其一，与科学管理互补并超越科学管理。组织文化管理是一种新的管理，既摒弃了经验管理"人治"的窒碍，也避免了科学管理"法治"的弊端，是先进的管理理念和方法。我国长期以来图书馆管理不讲科学，只讲经验，特别是依赖馆长个人的作用，加上馆长任期期满后的新老交替，使得一些图书馆至今仍处于经验管理和"人治"状态。当大多数图书馆引入并实施科学管理过程后，又出现了许多新的问题，如实行定量管理后常常以牺牲质量为代价；实施责任制以后导致责权利的不统一；引入末位淘汰制让员工长期处于紧张状态直接影响工作；过分地对员工实行惩罚管理不仅达不到目的，还起到了反作用，甚至有的图书馆实施责任连坐制相当于一人过失"株连"同部门，管理的副作用愈加显著。只有在科学管理的基础上强化组织文化建设，实现财务管理、设备管理、人力资源管理、危机管理与战略管理和组织文化的协同，才能彻底改变分散管理和管理落后局面，提高管理的整体层次和水平。

其二，是图书馆管理发展的必然要求，突出以人为中心的管理，成为图书馆管理的核心内容，有利于提高图书馆效率。在图书馆界服务"以用户为中心"导向的同时，管理上受人本管理的影响，人力资源管理和知识管理成为图书馆管理研究的热点。近些年，图书馆界的一些研究者将近几年的知识管理、战略管理与人本管理并称为图书馆管理新的"三驾马车"。纵观图书馆研究理论不难发现当代图书馆管理体系的发展开始形成三大层面：

①业务管理，包括馆藏资源管理、服务管理、财务管理、统计评估、质量管理、技术管理等，是图书馆基本要素的管理，是图书馆运行的基础，这一层面管理的特征在于基本层面和微观的管理；②人力资源与创新管理，除人力资源、职业认证等外，不断引入新的管理理论与方法，实现管理创新，如知识管理、危机管理等，这一层面管理的特征在于中高层面和中观的管理；③战略管理与文化管理，战略规划、组织文化建设是其核心内容，这一层面管理的特征在于组织高层的管理和面向发展的管理。我国图书馆管理正在从低层面的管理向高层面迈进，虽然越是高层面难度越大，却是管理发展的必由之路。图书馆界在前些年曾经就"读者第一"还是"馆员第一"的问题展开过讨论，但至今还没有把馆员作用放在恰当的位置，以至于出现或多或少的问题，例如据作者任玉梅进行的相关研究，高校图书馆有些馆员出现了职业倦怠现象，工作积极性不高。进行组织文化建设，可以根治图书馆人员管理中职业倦怠、职称评审矛盾、压力过大等诸多问题，更好地将激励管理与职业素养相结合，将个体能动性与组织能动性相结合，充分调动图书馆每一个员工的积极性和创造性，创建团队文化。组织文化建设要求图书馆优化组织结构，改变落后的领导方式。由于传统图书馆管理中过分强调领导权威，导致专制和权力滥用现象，建立新的组织文化要求以民主型取代权威型、以分权式取代集权式。图书馆组织文化不仅可以有效利用人力资源，通过强调以人为本，关心人、理解人、尊重人、培养人，充分满足员工需要层次的提高，调动人的积极性；而且可以将图书馆的人力优势变成人才和智力优势，通过文化影响组织群体行为，增强组织凝聚力，提高组织效力。

其三，是组织文化建设对组织发展战略的制订与实施起着决定性作用，有利于提升图书馆的核心竞争力。前几年将学习型组织引入图书馆有不少研究，却缺乏相应的实践。图书馆组织文化建设对图书馆战略规划制订与实施起着决定性作用，组织文化建设带来信息化、知识化、效益化、绿色化、人文化、和谐化等一系列新观念，有利于增强图书馆的战略意识，确立图书馆的使命和目标，形成图书馆的长期战略，也直接影响图书馆发展战略的实施，有利于实现制订与实施的衔接以及目标与行动的统一。组织文化建设着眼于整体与未来，将组织的业务与管理提升到更高和更长远的层面，直接关系到增强和发展图书馆的核心竞争力。

其四，是通过改善与塑造图书馆社会形象，有利于增强图书馆与社会的联系，促进图书馆服务，进而提升图书馆的社会价值和社会地位。组织形象是组织文化的外在表现。良好的图书馆形象直接影响用户对图书馆的认知，影响用户对图书馆的充分利用。

二、图书馆组织文化建设的策略和建议

1. 加强图书馆组织文化理论的系统研究

图书馆组织文化具有组织文化的一般功能，如导向功能、凝聚功能、约束功能、激励功能、陶冶功能、规范协调功能、效益功能、辐射功能和创新功能等。在进行图书馆文化建设时要加强对图书馆组织文化理论的探索，摒弃对企业文化的简单移植和对国外图书馆管理理论的盲目吸收。毕竟图书馆组织文化不同于企业的营利性质、差异化战略以及竞争性特征，不可盲目照搬企业文化的理论，这方面还需要图书馆理论界加强探索以及图书馆组织文化实践的检验。

图书馆组织文化建设首先必须从提高认识入手，解决组织文化的几个误区：一是将组织文化建设的概念泛化，把图书馆对外开展的文化活动或文化服务当作了组织文化；二是轻视组织文化建设，将组织文化看作是业务之外的业余活动，把图书馆内部已有的职工活动和以文化娱乐为目的的措施都看作组织文化，无需重新建设；三是认为只要学习兄弟图书馆好的做法，模仿即可，无需创新并体现本馆特色；四是认为组织文化建设仅仅是领导的事务，无需全体员工参与。

图书馆组织文化建设是基于组织文化理论的具有个性化的新探索，不可将已有图书馆管理经验纳入组织文化范畴，也不可将原有的图书馆党政工团活动贴上"组织文化"的标签。诸如组织馆员培训、开展职工联谊、编辑图书馆的馆刊等，各个类型的图书馆均有此类活动，必须赋予组织文化的意义，从一般以公共关系和娱乐为目的的员工文化活动发展到经过精心策划的体现图书馆整体特色的组织文化活动。

2. 抓住核心和精髓

价值观和组织文化理论是图书馆组织文化建设的核心和精髓，必须抓住

核心、把握精髓，避免图书馆组织文化走向简单化和形式化，建立图书馆组织文化。美国有学者在对数十家美国公司调查研究后得出结论：在美国企业中，厚重的文化几乎是取得持续成功的驱动力量。认为构成企业文化的要素有五项：企业环境、价值观、英雄人物、礼节和仪式、文化网络。相关的还有荷兰心理学家霍夫斯特德提出的四层次模型（由内向外依次是价值观、礼仪活动、英雄人物、符号系统）以及美国麻省理工学院教授 E. H. Schein 的三个层次（可观察到的人造物、公开认同的价值观、潜在的基本假设）。无论何种理论，都离不开价值观这一重要要素。可见，对价值观的认识已上升到组织文化的核心地位，因此，图书馆组织文化如果不重塑组织的价值观，只做外在形式和表面文章，那就会偏离组织文化的根本，失掉其潜在的效力。

我国管理学界一般将组织文化分为理念层、制度行为层和符号层三个层次，对图书馆有较大的影响，如王世伟界定的由理念识别系统、行为识别系统和视觉识别系统组成的图书馆组织文化，其在上海图书馆的实践取得了一定效果，实际上是企业 CIS 战略的应用。CIS 战略是一种专门用于企业识别系统的经营管理战略，企业识别系统 CIS 由 MI（理念识别系统）、BI（行为识别系统）和 VI（视觉识别系统）有机结合，与组织文化和组织形象（corporate image）密切相关，独特的组织文化是塑造具有鲜明个性组织形象的灵魂，而塑造良好的组织形象又是实施 CIS 战略的重要目的。

3. 根据组织文化，构筑可持续发展的图书馆管理文化

企业文化的类型有经营性文化、管理性文化、体制性文化、转型性文化四类，其中管理性文化包括责权利对称性管理理念、内在融合性管理理念、高效率管理理念、共享共担性管理理念等，对图书馆有较强的适用性。从管理文化特质及对人本性、本质了解的理论和思想角度看，情、理、法三者是管理的文化内涵，它涉及管理中的情感投资、目标实现和法规制度建立等。不同国家和文化特质对其有不同的偏好和处理艺术，但只要是成功的管理必是三者的统一，中、日、美三国也正是通过不同文化途径不同管理方式来实现各自的统一。图书馆管理文化是图书馆管理活动过程中一系列文化观念的总和。

美国图书馆管理通过完善的法规制度体系，以"法 理 情"序列中"法"

为重心，追求实用主义的管理模式，其契约规则刚性特征与组织文化的情感要素易于产生冲突。相比之下，我国图书馆管理制度不健全，也不稳定。中国的《公共图书馆法》在 2017 年 11 月 4 日才由全国人民代表大会常务委员会通过，并于 2018 年 1 月 1 日起正式施行。这种"情-理-法"序列过分强调"情"本位，虽然导致科学管理的缺位，但却与我国人文文化和伦理文化保持一致，这种文化基础长于协调人际关系，追求群体和谐，有利于进行文化建设。

4. 图书馆组织文化嵌入图书馆业务

将图书馆组织文化嵌入图书馆业务与图书馆各项工作中，实现组织文化建设的日常化和长期化。在以往的图书馆管理实践中，经常出现管理单一化现象，如强调技术管理，结果忽视了人文关怀；为了应对消防和危机管理，又抛弃了图书馆的开放性。因此，进行图书馆组织文化建设，不是要取代已有的各类管理，而是与已有的业务管理和创新管理相协同。

特别重要的是，组织文化建设不是孤立的，必须与图书馆业务紧密配合，从业务发展和图书馆活动的有效性考虑组织文化的介入与渗透，实现组织文化在图书馆各部门、各类业务乃至全部活动的嵌入。

具体的措施有：第一，馆长要成为组织文化的领导者，建立相关的扁平化组织，明确图书馆领导的分工和责任，领导的重视和率先垂范在组织文化建设中十分重要，中山大学图书馆前馆长程焕文上任之后就亲自设计了"智慧与服务"的馆训和以老馆长杜定友创造的"图书馆"缩写字演化而成的馆徽，强调职业精神，在馆内力推理念引领和提升文化品位。第二，要建立健全组织文化机制，包括政策保障机制、经费保障机制、制度保障机制等。从完善组织文化制度做起，除奖励制度和培训制度外，变每年年末的总结制度为日常共享交流制度、变馆长下部检查制度为领导业务岗位体验制度等。第三，将组织文化的各要素与业务结合，向组织内的各个领域渗透，成为组织的细胞，并向外部传播。关于组织理念和价值观的形成要建立在组织内广泛深入讨论和取得共识的基础上，让每个员工的个体价值观统一到组织的价值观，让每项业务体现着这种价值观。图书馆的理念、使命与愿景也要渗透到馆内的每个部门、每个员工和每个工作环节。无论是 CIS 还是战略规划工作，无论是组织文化的外显还是内隐，都需要基于统一目标的整体策划，保持组织文化建设的系统性、互补性和连续性，不以馆领导的更替而脱节，不以部门的重组而矛盾。以图书馆的视觉识别系统为例，图书馆的馆徽、馆标以及标准字、标准色的创意设计最为重要，不仅是图书馆形象广泛传播并取得大众认同的统一符号，也是图书馆理念和地位等内涵的外在集中表现，是图书馆形象建设的首要特征，图书馆不仅要重视视觉识别系统的这些基本要素，还要将其应用到图书馆的设施设备、图书馆用品、工作服饰、宣传推广中，可选择常见的视觉传播方式如渐进式、集中式、综合式，通过传播树立理想的图书馆形象。

第二节　图书馆 RDL 管理研究

RDL，即 Readers Drive Libarary，意思是读者驱动图书馆。这就意味着任何读者可以在任何时间、任何地点、任何图书馆、以任何方式满足自己的阅读需求。这个管理理念的产生得益于移动互联网的迅猛发展和各种智能终端设备的普及使用，得益于"互联网＋"环境的成熟和完善。移动互联网的成熟使得图书馆服务中低效率的流程和环节逐渐消失，从而实现利用高效率来整合低效率的目的。

一、 RDL 的物联式管理方式

RDL 的管理理念必须通过先进的管理手段和先进的管理技术才能实现，现代通信技术、计算机技术和互联网技术在图书馆的广泛应用使 RDL 管理理念可以从理论变为现实。

物联式管理就是采用物联网技术，利用各种信息传感设备如射频识别装置（RFID）、红外线感应器、激光扫描技术等由互联网连接而形成的网络系统，以实现人与物、物和物之间的连接沟通。尽管在"互联网＋图书馆"时代，纸质图书资源在图书馆中的主导地位有被弱化的趋势，但不可否认它仍然是图书馆赖以生存和发展的重要物质基础。基于物联网技术具有的技术性、智能性和感知性，它理所当然地成为图书馆纸质图书资源管理方法创新的应然选择。

1. 物联网技术与典藏管理

现代图书馆对实体文献采取的是借、阅、藏一体化的服务及管理模式。开放式的管理使得图书期刊的乱架和错架现象比较严重，导致对图书的整架和清点都比较困难。而物联网技术 RFID 的应用，只需要馆员手持 RFID 阅读器在书架上横扫一遍，就能读取贴有电子标签图书的全部数据，快速完成图书的清点工作；同时只需要馆员在 RFID 阅读器中输入需要检查的号码或书刊等信息，沿着书架一次扫描，声光报警就能及时发现乱、错架的书刊，使顺架变得非常便捷。不仅如此，物联网技术的扫描装置，还能够迅速完成对贴有 EPC（产品电子码）的各类图书进行信息交换和识别，并将结果传回数据库中，建立相应的分配清单，馆员可以及时、快速地完成图书的上架工作。

2. 物联网技术与图书流通

物联网 RFID 技术具有读取距离远、储存数量大、储存信息更改方便等优点。通过 RFID 技术，能十分方便和精准地寻找到相关图书文献的信息、馆藏书目数据、借阅数据以及图书当前的位置，有效实现对图书文献信息资源的快速查找、精确定位和实时跟踪。同时，读者还可以通过物联网下的自助借阅系统，自行办理借阅、归还手续，既节约了图书馆的人力资源，又节省了读者大量的时间，提高了图书借还效率。

3. 物联网技术与安全管理

图书馆的安全管理，主要包括对图书文献资源、数字信息资源和系统的安全管理。RFID 技术可以对每一本贴有 EPC 图书实行精确定位和实时跟踪，能够有效地防范图书文献被盗或被毁。物联网 RFID 技术门禁管理系统，不仅能够对馆员和读者的出入进行控制，而且还可以实现对到馆读者的数据进行采集与统计，或进行信息查询等，有助于图书馆实现自动化管理。概而言之，物联网技术，尤其 RFID 技术的应用，为图书馆节约了大量管理成本，简化了图书馆管理流程，提高了图书馆管理效率，有助于实现图书馆管理的高效率、自动化和智能化，因而成为"互联网＋图书馆"管理方法创新的路径之一。

二、 RDL 的柔性化创新管理

1. 柔性化管理模式概述

柔性管理，相对于刚性管理而言，是"以人为中心"，对员工进行人性化管理的一种管理模式。其关注的重点在于：内在重于外在，心理重于物理，身教重于言教，肯定重于否定，激励重于控制，务实重于务虚。与传统的刚性管理相比，柔性管理无论是在组织结构、管理决策还是激励机制上，都具有明显的优势。

在组织结构上，传统刚性管理多采取高度集权式的管理组织结构，注重职能部门的分工，强调决策执行的统一性。但其最大的弊端是灵活性差、反馈速度慢，难以适应信息环境下企业快速发展的需要。而柔性管理模式则要求组织结构扁平化，削减信息传递中不必要的中间环节，将决策权力下放给基层职能部门，使得基层管理人员具有更高的独立性和更大的管理自主权，适应性也就更强。

在管理决策上，传统刚性管理都是领导层做决策，下级职能部门负责执行，管理决策的推行也多为自上而下的强制，因而决策往往带有强烈的高层主观色彩。而柔性管理的决策，则是在充分尊重和信任组织成员的基础上，广泛征求基层管理人员和职能部门的意见，并经过民主讨论而形成，从而使得决策更具有广泛的执行力。在激励机制上，柔性管理认为，激励机制既是对组织成员的尊重和信任，也是对组织成员的关心和奖励。在激励方式上，更加注重非物质的激励方法，以满足组织成员对尊重和实现自我的高层次需求。

2. 柔性化管理模式构建

（1）建立刚柔并济的图书馆管理模式

作为一种非强制性管理模式，柔性管理的软肋在于约束力较差，强制力不足。特别是对于那些工作作风涣散、责任心和进取心不强或素质不高的员工，柔性管理不仅无法保障管理效果，而且还可能使管理处于无政府状态。因此，在"互联网＋图书馆"建设中，必须建立刚柔并济的图书馆管理模式。

一方面通过柔性管理为管理人员创造一个宽松、平等、相互尊重和信任的工作氛围，激发高素质员工的积极性和创造性，让高素质员工影响和带动低素质员工；另一方面通过强化刚性管理的惩罚性措施，以刚性管理的强制来消除低素质员工的懒散与消极，并自觉适应柔性管理。在刚柔相济的图书馆管理体系中，应以柔性管理为主，刚性管理为辅。

（2）构建柔性管理的图书馆文化

一种积极、健康、和谐、充满正能量的图书馆文化环境，对图书馆馆员的思想和行为有着重要的导向和约束作用，对转变馆员消极、懒散的工作作风，帮助馆员克服自卑的职业心理具有积极的疏导作用。因此，在"互联网＋"背景下，图书馆文化的建设对于图书馆柔性管理目标的实现具有重要的作用。图书馆文化一旦形成，它就会产生一种巨大的向心力和凝聚力，能使图书馆馆员在目标建设、服务模式、管理模式等基本方面形成共鸣，达成共识，从而形成一种和谐、稳定和健康的人际关系，提升管理能力，提高管理效果。图书馆文化建设把尊重人、信任人作为中心内容，以人的管理为中心，是馆员自我激励的指路明灯。因此，图书馆文化的建设，不仅是图书馆柔性管理模式的重要组成部分，关乎图书馆柔性管理模式的建设，而且也将影响到"互联网＋图书馆"目标的实现。

柔性管理有利于充分发挥管理人员的积极性和创造性，提升管理的效率和管理质量，其所倡导的"人尽其才"管理机制和决策环境，既能使员工或职能部门快速准确做出决策，适应性和应变能力更强，也能使决策得到更充分的执行。因此，它不仅是"互联网＋"图书馆管理模式的最佳选择，也是"互联网＋"对图书馆管理的必然要求。

三、 RDL 的扁平化管理

1. 扁平化管理的一般原则

扁平化管理是区别于传统金字塔层级结构的一种管理模式，是指通过减少中间管理层次，拓展管理的幅度，以使管理决策和反馈信息在决策层和基层管理部门之间快速传递，进而提高管理效率的富有弹性的新型管理模式。

扁平化管理之所以能成为现代企业管理模式，其主要原因：一是传统金字塔层级管理模式决策链过长，反应缓慢，难以适应"互联网＋"时代瞬息万变的市场环境。二是互联网新技术的发展和广泛应用，不仅能够使企业轻而易举地实现对大量数据信息的集中快速处理，而且能够实现信息在决策者和基层管理者之间的快速传递。三是扁平化管理模式能够切实为众多企业带来事半功倍的管理效率。也正基于此，当企业扩大规模时，减少管理层级、增加管理幅度已成为现代企业的应然选择。

"互联网＋"使图书馆管理发生了一系列根本性变革：管理理念由以"书"为中心转变为以"读者"为中心，管理对象由"书"转变为"知识"，管理主体由管理者转变为服务者或指导者，图书馆的竞争力由传统的藏书数量转变为对服务环境的快速反应能力和应变能力，网络信息技术由单一的信息处理（数字化）功能转变为具有组织信息共享、共同合作、快速沟通和快速反应的平台，馆员由消极、被动接受型转变为主动参与管理。如此深刻的变化，影响并决定了"互联网＋"背景下图书馆的组织结构必然由金字塔层级结构转变为分权式扁平化管理结构。

2. 图书馆扁平化管理结构建立的路径

（1）创新扁平化管理观念

目前，我国图书馆基本上还是采取传统金字塔式管理模式。这种管理模式注重管理层级之间等级关系，强调以行政权力进行控制。既不能充分调动馆员工作的积极性、主动性和创新精神，也由于信息传递慢，反应不灵活，决策执行力弱，已不适应"互联网＋图书馆"建设和发展的需要。因此，无论是图书馆高层决策者，还是基层管理者，要充分认识到扁平化管理模式对于"互联网＋图书馆"建设的重大意义，以实际行动推动和促进图书馆管理模式的改革。作为决策层要坚持"以读者为中心"的原则，以满足读者即时获得其个性化需求为目标，合理规划，减少管理层级，扩展管理幅度。

（2）创建扁平化管理队伍

图书馆扁平化管理模式的成功运作，迫切需要创建一支扁平化管理队伍。图书馆必须以人为本，尊重馆员的个人价值，帮助馆员树立良好的职业心态，培养馆员的职业道德和职业素养，实现馆员个人价值和图书馆整体目标的有机结合。要注重馆员在业务能力需求上的差异性，量体裁衣地为他们制订相应的职业教育规划，努力实现继续教育培训和专业技术培训的常态化，使全体馆员都能公平、平等地获得知识更新和提升专业素质能力的机会，增强馆员的自信心和对图书馆的心理归属感，鼓励和激励馆员积极创新，开拓进取。

（3）确立扁平化管理结构的核心

图书馆管理的真正核心是读者。"互联网＋"时代图书馆的核心竞争优势也来源于对读者需求的敏感度和满足度。因此，图书馆要着力提升服务读者的能力，并在为读者提供服务中创造更多价值。而扁平化的管理结构只有适应这种变化的需要，才能真正实现以最短的时间、最短的距离响应读者的信息需求，实现管理效率的最优。

目前，已有图书馆设置"三部一室"（文献资源建设部、读者服务部、技术支持部和办公室）或"四部一室"（文献资源建设部、流通阅览部、信息咨询部、技术支持部和办公室）的扁平化管理结构，彰显了以读者服务为中心的管理理念。也有图书馆采取采访编目、流通阅览、咨询检索合并设置，或者根据自己的实际情况，对合并后的大部门进行了再合并。由此可见，削减管理层级将是图书馆管理模式创新的趋势。扁平化管理模式虽然是一种图书馆内部管理模式，减少管理的层级是为了提升信息传递的速率，扩大管理的幅度是为了提高管理的强度和效果。但不可忽视的是，实施扁平化管理的最终目标是为了给读者提供更优质的服务，满足读者即时获取信息的个性化需求。因此，无论是管理层级的削减，还是强化图书馆队伍的建设，"以读者为中心"都是扁平化管理中必须考量的重要因素。

四、 RDL 的数据化管理

所谓大数据，是指具有数据容量大（volume）、数据类型多（variety）、商业价值高（value）和处理速度快（velocity）特点的海量数据集合。在"互联网＋"背景下，图书馆拥有的大数据十分复杂，具有结构多、种类多、形式多等特点。图书馆大数据管理系统，不仅能为读者提供高效的文献或信息服务，还能为图书馆提供管理和决策依据。

就管理而言，图书馆大数据管理主要包括：①文献信息资源数据，即反映馆藏情况的重要数据；②读者信息数据，即服务的基本数据；③基本数据，即馆内基本情况描述的数据；④系统数据，即数字图书馆正常运行和重新启动最重要的数据；⑤未数字化数据或未采集的数据，即图书馆有待收集、采集、整理和数字化的数据。用大数据对图书馆进行管理，既可以简化图书馆管理流程，又可以减少图书馆的管理成本，提升图书馆管理质量。因此，建立图书馆大数据管理系统是实现图书馆管理创新的重要环节之一。

1. 创新管理理念，培养大数据管理意识

图书馆作为信息传播中心，要实现良性发展，获得更多读者的支持，就必须要创新图书馆管理理念，培养大数据管理意识。"互联网＋"时代就是数据时代，图书馆管理本质上就是对数据的管理，图书馆之间的竞争将是数据的采集、开发和利用上的竞争。因此，图书馆要着力提高广大馆员的数据管理意识，以增强馆员的竞争意识和服务意识，以便为读者提供更加优质的服务。

2. 利用大数据技术来构建图书馆管理的核心竞争力

"互联网＋"给图书馆带来的海量数据，一方面给读者获取所需信息资源带来了极大的困惑，另一方面也为图书馆信息管理带来了很大的困难。而云计算技术和大数据技术则为新形势下图书馆管理提供了可行性路径。

首先，通过云计算技术和大数据分析技术，可以对海量数据进行分类、整合、加工，建立相关的数据库；其次，可以通过大数据挖掘技术，对图书馆获取的信息资源进行分析、加工和开发，分析读者的兴趣和爱好，及时组织有效的图书信息资源，指导读者快速获取所需，并且还可以向读者提供个性化推送服务，以满足读者的不同需求。同时，图书馆还可以利用大数据技术创建异地图书馆大数据服务联盟平台，有效促进图书馆异地信息资源的数字化、智能化与可视化，实现图书馆科学管理。可以说，大数据将是未来图书馆核心竞争力的重要体现。

3. 建设图书馆大数据管理人才队伍

运用大数据技术对图书馆进行管理，是一项专业性极强的技术工作，没有专业计算机知识背景的管理人员基本上无法开展这项工作。因此，建设一支高水平、具有计算机技术背景又具有图书馆管理知识的复合型人才队伍，

是图书馆当前的重要工作之一。一方面图书馆可以通过重塑形象，优化内外部环境和提供良好待遇来吸引或引进高素质的复合型人才，另一方面要有针对性地对既有馆员进行计算机新技术包括大数据技术、云计算技术、物联网技术等专业知识培训，以培养馆员的大数据意识，建立起图书馆大数据管理人才队伍。

第三节　图书馆分类管理研究

图书馆分类管理的主要管理对象是馆藏资源，即印刷资源和数字资源，包括图书、期刊、工具书、各种数字资源等，是工作人员通过对目录的编制，达到控制图书存放信息的一种方式。在分类管理进程中往往需要涉及图书资料的分类、重组、文献控制等多项流程，这样既能保障对图书资源的合理使用，让客户实现快速交流书目和共享图书资料的目标，又能充分利用互联网资源，使客户获取图书资源的途径更加多样化。与此同时，这种方式也要求图书馆工作人员有足够的检索能力和手段。

一、图书馆分类管理的意义

1. 为科学管理提供重要依据

图书馆的档案资料以及重要文献都是用来了解图书馆各项工作内容的重要信息来源。为了促进图书馆管理质量的提高，图书馆的工作人员必须做好图书馆分类管理工作。图书馆分类管理工作不仅涉及的范围特别广泛，而且具有非常强的系统性，是一项需要管理人员尽心来完成的庞大工程。图书馆基本上每天都会有新的业务活动展开，这也就导致了图书馆的档案资料一直处在不断更新的状态，只有完善图书馆的分类管理模式，才能让图书馆的管理人员及时了解图书馆在不同时间段的运行情况和各种业务活动的展开情况，进而制订出科学合理的图书馆管理模式。实行图书馆分类管理模式，可以有效提高图书馆管理工作的效率，有利于将图书馆管理工作落到实处。近几年，在图书馆战略发展的引导下，我国图书馆管理人员根据图书馆的实际运行情况制订了一系列科学的管理规定，促进了图书馆的进一步发展。

2. 为图书馆的业务发展提供有效参考

图书馆日常运行过程中产生的各种报表或者数据都会被图书馆工作人员收集起来，并做好归纳工作。图书馆日常管理和业务活动中产生的数据和报表很多，除了会记录下图书的借用情况、典籍的损坏情况等信息，也会将图书馆在不同时间不同阶段的管理情况、人员调动情况以及业务活动处理情况等信息记录下来，因此，图书馆的档案信息还会给图书馆的业务发展提供很多有效的参考。图书馆的实际运行应该以不断满足读者的各项需求为主要目标，努力构建一个较为科学的图书馆管理模式，让预期的图书馆功能落实到具体工作当中，让每一个工作人员都可以在自己的工作岗位上切实履行好工作职责。图书馆管理系统中的每一工作岗位都是很重要的组成部分，但是这些工作岗位都有各自不同的特点，这就决定了每一个工作岗位都需要以不同的标准来进行管理，因此，管理阶层需要根据图书馆中留存的档案信息为不同的工作业务制订相应的标准。

3. 为图书馆的服务效率提供保障

图书馆工作人员会将图书馆档案资料里包含的文件资料进行系统的整理归纳，将里面最重要、最有价值的信息整理出来以后及时汇报给图书馆管理阶层，这样图书馆管理阶层就可以在需要的时候及时得到最有用的资料，进而省去了不必要的信息提取工作，让整个图书馆的运行效率更高。此外，经过图书馆工作人员整理后的资料还可以方便其他人员查找，从而有效地提高了图书馆的工作效率。图书馆每个工作岗位上分配的管理要素不一样，所以，建立图书馆分类管理模式可以将人力资源以及财力资源更加合理地利用起来，为读者提供更加舒适的服务环境。图书馆的管理要素在不同岗位的分配要求不一样是导致图书馆必须实行分类管理模式的直接原因。此外，图书馆实行分类管理模式可以节约图书馆运行的各项开支，同时让每个图书馆管理人员都可以明确自己的责任，形成良好的工作氛围。

二、图书馆分类管理的现状及存在的问题

我国图书馆管理工作的重要原则之一就是实行分类管理制度，这一管理

模式更加符合图书馆的实际运行情况，因为不同材质、不同内容的书籍在图书馆里面应该放置的位置以及需要的维护工作各有不同，图书馆分类管理模式有利于读者和图书馆工作人员对各种书籍进行查阅和维护。现在国内多家图书馆已经实行了图书馆分类管理模式，如果以书籍材质来分的话，我国已经创建了电子阅览室、高级档案阅览室、报刊阅览室以及图书阅览室等多种分类管理模块，有的图书馆会将馆内的一部分馆藏空间分离出来实行有效的管理措施，进而使不同材质的书籍都可以分区管理。读者在查阅资料的时候可以根据其材质直接到相应的阅览室进行资料查询。在各种材质的书籍管理区域中，图书馆工作人员都会将内容种类不同的书分开放，同时将内容相同的书摆放到一起，一般都是按照书籍所属的学科来进行整理摆放的，从而让读者更加便利地找到所需书籍。总之，我国图书馆的分类管理模式已经取得了不错的成果，但是其中还是存在一些问题，下面就图书馆管理中存在的问题进行阐述。

1. 管理形式单一，缺乏灵活性

分类管理模式可以使图书馆的管理工作更加科学化，对图书馆的各种资源实现有效的分类，并且尽量将分类工作做到更加全面、更加具体。目前，大部分图书馆的管理工作模式依然比较单一，在实施分类管理的过程中不能将分类方法进行良好的整合，进而导致管理工作上经常会出现一些不足之处。最典型的例子就是许多高校图书馆往往都是只将书籍在学科方面进行了分类，而没有从文献材质方面实行分类，这就给学生的查阅过程增加了一些麻烦。除此之外，虽然很多图书馆已经以时间为基础将图书进行了二次分类，但是读者借阅图书的时候并不会把出版时间作为主要依据，因为读者只需要知道所看书籍的大致出版时间即可，不需要了解图书的精确出版时间，这样的分类管理模式不但没有方便读者的查阅，反而降低了读者查阅书籍的效率。其实读者查看的书籍资料一般都比较集中，主要就是一些重点书籍资料，所以仅仅以时间作为分类标准也是不行的，还要从内容上进行书籍的分类管理。

2. 忽略了典籍管理的重要性

我国有着非常丰富的古籍典藏资源，这些典藏对于我国的考古事业有着非常重要的应用价值，而且其中很多历史期刊、竹简书籍以及古代文件还有非常重要的保护价值，因此，古籍典藏资源的管理工作是值得图书馆管理人员重视的。但是，我国大部分图书馆在管理古籍典藏资源方面做得不够好，已经有很多古籍典藏资源遭到不同程度的损坏，其中很大一部分古籍典藏是因为保护力度不够而损坏，甚至有的古籍已经丢失。

对于一些高档次的古籍本应该进行更为严格的保护，但是这些书籍却往往得不到应有的保护。例如，图书馆管理中缺少对医学典籍的管理工作，导致许多古代医学典籍或损坏或丢失，阻碍了我国中医学的进一步发展，也使许多有用的古代医术失传，造成了医学界的重大损失。由于缺少科学合理的文献管理模式，我国的古籍典藏资源遭受了较为严重的损失，从中可以看出我国图书馆管理中存在的一些不足之处。

3. 管理手段缺少高科技的应用

21世纪，几乎各个类型的图书馆都建立了自己的电子管理系统，进而更好地对图书实行分类管理。有了这些高新技术，图书馆工作人员只需要扫描一下就可以将书籍的借用信息输入电子管理系统当中，通过上网查阅的方式就可以知道书籍放置的位置，这样不仅提高了图书馆的工作效率，也给广大读者带来了很大的便利。然而，电子管理系统的建立还没有在一些小型图书馆里实现，这些图书馆依然采用着较为传统的管理方式，浪费了大量的科技资源，使得图书馆的分类管理工作难以高效率、高质量完成。图书馆管理工作中存在的问题对图书馆的发展造成了一定的阻碍，这种现象出现的很大原因就是现代图书馆缺少先进的管理理念，不能及时地把高新科技引入到图书管理当中，一旦图书管理人员的能力出现不足，就会使图书馆管理过程出现问题，进而给我国图书馆建设带来一些负面影响。

三、图书馆分类管理的特点

1. 岗位分类管理

想要实现图书馆岗位的有效分类管理，就要在分配岗位的时候积极进行改革和创新。图书馆的管理层应该根据不同工作岗位的性质来分配相应的职责，同时根据不同的职责来安排相应的人才，尽量使每一个图书馆工作人员都可以在自己的岗位上发挥出自身的优势，也让每一个图书馆工作人员都明确自己的职责所在。在设置岗位的时候，首先，必须根据图书馆的实际情况设置一些专业性较强的岗位，严格控制工勤岗位的数量，形成尊重人才的氛围；其次，大部分岗位实行固定制，少数岗位可以根据图书馆的具体运行情况而适当变动，从而应对一些短期的任务；最后，图书馆的每一个岗位必须按照需求进行设置，进而优化图书馆的人力资源配置。

2. 岗位设置必须科学合理

根据实际需求，图书馆的岗位可以分成专业馆员岗位和辅助馆员岗位，其中专业馆员岗位主要是开发潜在的客户，而辅助馆员岗位主要完成图书馆的日常工作，如装订、借书、还书以及咨询工作等。这两种岗位缺一不可，有关人员必须进行科学合理的安排。同时，图书馆的每一个岗位都应该有明确的岗位职责描述，并且应该强化岗位职责描述，使每一项任务分工明确。

3. 人才测评制度要完善

设置好工作岗位以后就要选择、招聘合适的人才入职，这就需要有完善的人才测评制度。根据西方国家的标准，在图书馆协会认可的图书馆学院或者图书馆情报学院修够一定学分以后就可以成为图书馆专业人员到图书馆入职工作。我国已经进行了人事制度改革，实行岗位双向选择，只要有能力就有机会获得入职资格，从而有效地调动员工竞争工作岗位的积极性，让有特长的人才可以到合适的岗位发挥自己的才干，使图书馆的岗位设置更加合理。

四、实现图书馆分类管理的措施

1. 强化管理使分类工作规范化和制度化

首先要建立健全规章制度。常言道："没有规矩，不成方圆"，任何一项工作只有拥有了制度，才能让人们自然而然地回到正常的工作轨道上来。对于图书分类管理工作来说，相应规章制度的建立才能使图书馆馆员拥有行为之准则，这样在工作进程中就会有章可循、有据可依，进而提升其工作效益。在图书馆工作中，首先应该建立岗位责任制，让每个人知道自身的工作职责和相应权限、工作范畴、工作目标等。因为一旦设立了专门的分类工作岗位，就可以利用工作制度强化工作人员的责任意识，使他们有意识地把好质量关，尽可能地降低差错率。

其次，制订定额管理机制。利用定额管理制度可以规定工作人员在单位时间内完成相应的工作任务，同时还有利于工作人员明确自身分工，避免怠工现象的出现。需要密切注意的是，在定额分配任务的时候一定要做好调研工作，充分吸纳员工的建议，同时还要以完成任务、保障工作质量为前提，不可过多地追求数量。

最后，需要建立合理的奖惩制度。利用奖惩制度对工作积极、完成任务质量高效的员工进行奖励，可以充分调动员工的积极性，进而形成相互之间的良性竞争，这对于图书馆的发展非常重要；同时还需要对那些失误过多的员工进行适当的处罚或者惩戒，这样可以让他们提高责任意识，改掉自身的工作陋习，这对提升工作效率非常重要。当然，管理人员还应该告知员工奖惩不是目的，提升绩效才是关键。

此外，还应当建立监督检查机制，适当地派遣一些工作经验丰富的高级馆员，对于听取读者意见、网上资料索引、抽查书目等进行定期检查，这样有利于员工及时纠正失误，提升工作的精确性和一致性，从而形成层层把关、严抓质量的良好风气。

2. 合理使用分类人才

俗话说："尺有所短，寸有所长"，每个人都会有自身的优势和不足，管理人员只有善于发现员工的优势，将其充分运用，做到扬长避短，才能尽可能地避免损失，提升效率。当然，在很多时候都是千里马常有，而伯乐不常有，这就需要管理者努力提升自身能力，使自己练就一双火眼金睛，进而慧眼识遍天下英才。对于图书管理工作来说，它依然适用，只有做到人才的合理使用，才能人尽其用，达到事半功倍的成效。在图书馆，各种各样的图书令人眼花缭乱，所涉及的内容庞杂无比，学科之间的交叉渗透也十分突出，同时工作人员的知识和能力各有长短，这就使得依据个人特点和优势合理安排工作内容显得极为重要，因为只有让每一个人尽可能发挥所长，降低差错，做到人尽其用，才能切切实实地提升工作效率。同时还需要注意的是，作为图书馆分类人员应该具备一定的连续性能力，因为图书馆工作的实践性较强，对很多书目的知识理解和规则使用都是通过长期的工作实践摸索出来的，所以在工作过程中应该尽量避免频繁换人，这样才有利于保障图书分类工作的规范化、制度化。

3. 制订合理举措，使分类工作标准化和科学化

对于图书馆分类工作来说，一定要保证标准化、科学化，所以只有拥有了科学的分类举措才能切实满足这一点。首先，需要采用合理的分类方法。在进行分类工作时只有运用了合理的分类方式才能提升工作效益，所以在实行分类方法时需要充分考量图书馆本身的性质、特点以及读者的兴趣爱好等，进行适度调整，不可盲目从众。科学化主要是对整个分类体制系统化考量，以科学分类为准则，这样才能切实反馈图书馆工作的实际需求；对于实用性来说，这主要考量了图书馆工作的经济效益，它是在充分考虑当前实际情况的基础上重视对于编制技巧的运用；就适应性而言，它主要是给分类编制者提出的要求，需要编制者拥有一定的预判能力，依靠自身的超前意识和对图书馆工作发展的理解，适度调整图书馆的分类方法，使其能够具有一定的延续性，同时还需要尽可能地降低变化性，特别是不能肆意改变规则。其次，需要制订一些较为特殊的规则。对于分类规则来说，一旦做出要求，就必须严格执行，但是针对那些较为特殊的部分而言，则要做到特事特办。比如，特殊体例、人物传记、工具书、修订版等，就需要制订特殊的图书分类规则。

4. 提升图书馆工作人员综合素养

对于图书馆分类工作来说，一些必备的知识和技巧不可或缺，这就要求分类人员必须不断强化自身的能力，使自己具有新时代图书馆工作所需的过硬的技术素养、丰富的知识范畴、优异的道德素养等。其一，强化图书馆工作人员职业道德素养教育，使他们拥有较强的责任意识，全局观念，爱岗敬业、吃苦耐劳的工作作风等，这样的工作标准，才能尽可能地保证工作人员形成良好的工作态度，同时激发其饱满的工作热情以及积极进取的工作态度，为整个图书馆工作提升创新意识和工作效益奠定基础。其二，重视员工技能和相关知识的培养。只有每一个工作人员具备了扎实的专业知识以及丰富的工作技巧，才能做好分类工作，因为这样工作人员可以实时依照读者的反馈意见，提升其工作能力；同时，图书馆可以定期举办培训工作或者派遣

部分员工参加学术交流活动，也可以适度参与一些高校课程，这样才可以做到与时俱进，顺应时代潮流。其三，强化图书馆工作人员文化知识的继续教育。随着网络化的不断普及，网络电子图书越来越被广大读者所接受，而很多图书管理员受自身知识的局限，很难深入其中。作为一名图书管理工作者，应该紧随时代发展步伐，积极丰富自身知识储备，对那些新兴事物、热点话题、新兴科学等都要有所准备，只有这样才能切实使图书馆分类工作高效运行。

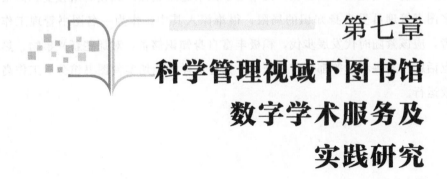

第七章
科学管理视域下图书馆
数字学术服务及
实践研究

这一章内容首先给出了数字学术与数字学术服务的相关概念，并对数字学术服务的相关内容进行了较系统的介绍。接下来，在科学管理视域下，利用网络调研法、文献调研法和案例分析法等方法，从数字学术服务空间、数字学术服务人员、数字学术素养教育以及数字学术服务项目典型案例实践等四个角度展开调研，总结国内外高校图书馆开展数字学术服务的成功经验，以期对国内高校图书馆进一步开展数字学术服务发挥积极的指导作用。

第一节　数字学术与数字学术服务

云计算、物联网、大数据、人工智能等信息技术的快速发展和广泛应用为高校图书馆的服务方式带来新变革，图书馆事业进入智慧转型的新发展阶段。2015年国务院发布《统筹推进世界一流大学和一流学科建设总体方案》，强调提升科学研究水平，争做国际学术前沿并行者乃至领跑者，这为高校图书馆开展数字学术服务带来契机。作为智慧图书馆的有机构成要素，开展数字学术服务已逐步成为高校图书馆发展的主要趋势之一，并在实际建设中不断走向深入。

一、数字学术与数字学术服务概述

随着数字技术和网络技术的不断发展，高校学术人员的学术活动越来越依赖数字技术和工具，数字学术（digital scholarship）日渐成为学术研究领域的新理念、新技术。数字学术是一个包容性概念并且本身仍在不断发展，数字学术所包含的内容也在不断丰富，不同研究者、实践者等对数字学术也有不同的理解。

1. 数字学术

"数字学术"概念起源于 20 世纪 90 年代末，曾多次成为学习和研究领域的最新现状与未来趋势。关于数字学术的概念，维基百科的解释是，使用数字证据、数字研究、数字出版和数字保存等方法来实现学术研究目标的过程。美国国会图书馆将数字学术定义为"研究的总称，包括数字出版、数据可视化、数字人文、数据科学和数据分析都利用数字馆藏、工具和方法。"华盛顿大学图书馆认为，数字学术是一个广泛的跨学科领域，包括计算参与的研究和教学，以及数字出版。尽管学界对数字学术的定义不同，但其相同点在于，都强调数字技术和工具在学术活动中的作用，侧重从学术研究和学术服务等实践角度探讨数字学术。综上，可以将数字学术定义为：数字学术是应用在研究和教学过程等领域，基于数字证据理念，以 GIS 数据技术、可视化技术和大数据技术等新技术为核心工具，以创造、出版、保存新知识为目标的新技术。

从中国知网收录的相关文献可知，我国学术界对数字学术问题的关注，是伴随 2013 年大数据的强势崛起而萌生的。在中国知网以"数字学术"并含"图书馆"为检索式，选取"篇名"为检索项执行精确检索，截至 2023 年 11 月 30 日，共检索到 105 篇中文期刊论文。其中，最早关于数字学术的论文发表于 2015 年，该文以数字学术交流环境为研究视角，分析了高校图书馆的服务创新问题。以此文为标志，"数字学术"正式进入了中国学者的研究视野。数字学术研究的最新成果发表于 2023 年 10 月 25 日，作者构建了数字学术多元成果产出的支持体系并给出了推进策略。另有 11 篇论文以"数字学术"作为研究视角或背景，对国外图书馆数字学术服务实践予以案例引介和客观评述，例如国外高校图书馆数字学术馆员角色职能研究、美国伊利诺伊大学香槟分校图书馆数字学术服务及启示。

2. 数字学术与数字人文

数字技术在学术研究中的应用带来学术研究环境的深刻变化，催生了"数字学术"的概念。数字学术是在数字人文的基础上发展起来的，研究方法、研究工具和应用学科的延伸和扩展是数字人文发展为数字学术的必要条件。

一篇关于数字学术、数字人文、人文计算三大主题的高被引论文特征研究显示：数字学术与数字人文两个主题的关联性较强。数字学术是数字人文发展的新阶段，具有两个明显的特点：一是能够跨越几乎所有学科；二是包含规范的数字证据和不断发展的信息技术，可以为研究人员进行调查、研究、出版和保存研究成果提供新途径。

数字学术用数字化思维、各种软硬件工具、系统和平台来支持学者开展数字研究，这种混合式创新方法挑战了传统意义上学科之间的知识体系和思维模式，能够帮助用户更好地进行跨学科的学术研究、交流和分享。

数字人文主要是文本编码、语义分析、可视化方面的研究，但是随着地理空间数据、多媒体叙事、数字测图等数字技术逐渐跨越社会人文学科的界限，延伸到自然科学领域，数字人文的内涵已不能涵盖其研究内容，由此逐渐向数字学术过渡。

由此可见，数字人文是数字学术的孕育源泉和组成部分，数字学术是数字人文的领域拓展和范围延伸，高校图书馆在开展相关服务时可以兼容并包，与时俱进，不断促进数字化研究新范式在人文社科乃至其他更广泛学科领域中的创新应用。

3. 数字学术服务

顾名思义，数字学术服务（digital scholarship services）是为数字学术提供服务，它是一种新型的、促进和支持数字环境下学术研究的服务形式，是高校图书馆充分运用各类数据资源、数字技术、工具和方法等优势，面向数字学术研究的全过程，融入科研流程的各个环节，提供嵌入式、系统化的全方位服务，引导并支撑各个学科领域的研究者应用数字方法工具、开展跨学科研究、推动学术跨界分享交流、促进数字化学术成果发布或产品转化的服务新范式。其核心是学科领域范畴从人文学科拓展到更广泛的学科领域，服务内容范围覆盖科研全过程，服务理念是全方位、系统化对跨学科研究提供支撑。

从文献借阅服务、信息情报服务，到学科服务、数据服务、知识服务，再到数字学术服务，高校图书馆的服务理念层出不穷，服务内容也日新月异。与传统的图书馆用户服务相比，数字学术服务具有形式多样、全过程参与、跨学科融合、个性化突出等明显优势，更契合科研人员的多样化需求。因此，高校图书馆开展数字学术服务既是适应不断发展的数字学术环境的必然要求，也是图书馆服务创新的重要举措。

早在 2016 年，美国大学与研究图书馆协会（The Association of College and Research Libraries，ACRL）就将数字学术与开放存取和跨学科合作并称为未来图书馆服务发展的三大趋势。随着科研数据的不断增加和数据分析方法、技术的不断进步，数字学术服务仍然处于动态发展的阶段。

二、数字学术服务的内容

对数字学术服务的具体业务内容进行深入探索，将对未来国内外高校图书馆进一步建设和开展数字学术服务发挥积极的指导作用。依据数字学术服务相关研究及内涵界定，图书馆数字学术服务内容主要包括以下五个方面：

1. 提供数字学术服务空间、软硬件设施与数字工具技术支持

随着服务理念的转变，空间资源作为图书馆存在和发展的必要条件已诞生了许多新需求。国外高校图书馆特别重视数字学术物理空间建设，如哈佛大学"元数据实验室"、耶鲁大学"数字人文实验室"、纽约大学"研究共享空间"等，虽然称谓各不相同，但是功能服务相似，主要为数字学术服务提供沉浸式的互动体验环境，不仅代表着图书馆以自我发展和用户服务为导向

的空间格局变化，也反映出图书馆服务理念与服务模式的转变。

数字学术以数字工具和技术为支撑，图书馆在提供数字学术服务时，除了需要对用户进行相关工具和使用方法方面的培训，还需要为用户提供具体的技术支持；不仅要在空间设备设施的配置方面，尽可能提供师生需要的多样化的软件和工具，而且还需要提供技术咨询服务，以及面向数字人文项目的技术解决方案等服务。

2. 建设数字学术平台，提供数字成果保存、出版与交流、科研数据管理服务

开展数字学术服务需要提供与数字技能和学科研究相关的文本化、数字化、数据化的资源，以及研究方法和技术工具等，同时还必须借助一定的设施设备、平台系统。因此，加强理论研究，对那些具备共享基础的、与数据资源相关的平台建设、标准规范以及基本技术方法和研究工具进行整合，形成数字学术研究与共享的平台，才能更好地为跨学科数字学术交流提供支撑，这也是国外数字学术服务较为重视的一个环节。

根据美国图书馆出版联盟（Library Publishing Coalition，LPC）对 118 所图书馆服务进行的调研：在数字学术环境下，数字学术交流出版已经成为数字学术服务的重要内容，承担着日益重要的作用。这里的出版不仅包括传统意义上的出版，更注重数字出版，以及与数字交流相关的一系列活动，如数字学术成果咨询、发布、展示、推广等。交流出版的途径已不仅仅局限于传统载体，社交网络、数据平台等已经成为新的知识传播路径。数字成果不再仅仅是文字图表的形式，还可以是视频、数据集、图像、声音等。

科研数据管理主要指嵌入科研数据生命周期，提供包括与科研数据的收集、组织、分析、存储、保护、出版、共享等相关的一系列咨询、研发和管理服务。国外数字学术服务有一项明显的特征是覆盖科研过程全生命周期，服务较为系统化，而国内高校图书馆一般通过研发科研数据管理平台，嵌入科研数据生命周期的某个环节，或利用收集、整合、分析和管理科研数据，撰写基于研究数据的学科或行业发展报告，为跨学科发展提供咨询与支撑，尚未形成贯通于科研全过程的服务体系。

3. 提供数字素养教育培训服务

数字思维和技能的养成是开展数字学术活动的前提，势必要求图书馆相应推出关于数字意识、工具、方法、内容等方面的培训。在数字意识方面，涉及数据安全、数据共享、数据隐私、数据版权、数字身份等；在工具方面，涉及图书馆提供的软硬件工具，如高性能计算机、全景相机、3D打印机、3D扫描仪等硬件和文本挖掘工具、文本编码与标注工具、地理空间系统分析工具、图像内容管理与分析工具、数据可视化工具、三维建模工具、数据管理发布工具等软件；在方法方面，涉及数据管理、学术出版、项目申请与管理咨询等；在内容方面，涉及数字学术、数字技术的发展趋势等。

4. 为数字学术项目提供服务

作为数字学术的重要组成部分，数字人文项目仍然是国内外大学图书馆数字学术服务的重要内容，主要是面对跨学科重大课题和科研项目，嵌入数字人文项目，提供数据收集、元数据著录、平台搭建、数字工具与方法等方面支持，以助推跨学科的研究。例如，耶鲁大学数字人文实验室不仅支持数字人文学科项目构思和现有项目的创新方向，而且自身也开展此类项目研究；哈佛燕京图书馆东亚数字学术实验室参与数字人文项目的合作研发，为东亚研究学者提供数字人文技术指导、咨询服务，实验室建有数字人文资源平台，提供增强虚拟现实展示与体验。笔者认为，这也将是未来高校图书馆开展数字学术服务的重要内容。

5. 提供数字内容创作服务

数字内容创作主要指将数字工具、方法或技术应用到创作过程中，呈现出与传统创作不一样的新型作品形式，这种作品可以是动画、视频、简报、交互式程序等成果形式，或是融合各种形式的结合体。图书馆开展此类服务，需要围绕用户数字内容创作全过程的行为构建资源和空间，主要包含对主题的讨论、头脑风暴、数字内容制作、编辑、展示等。这种服务在国外较为普遍，而国内高校图书馆则开展较少。

三、国内外图书馆数字学术服务综述及其差异性

1. 国内外图书馆数字学术服务综述

笔者于2023年11月30日，通过中国知网总库检索了我国图书馆界数字学术服务相关的研究文献，检索式为："图书馆"and"数字学术服务"，

在"篇名"and"篇关摘"选项进行精确检索，共得到 63 篇文献。通过分析检索到的文献可知，我国图书馆界对数字学术服务的理论研究多集中在数字学术概念的解读、国外高校图书馆数字学术服务实践的调查分析等方面；在数字学术服务实践方面，北京大学图书馆、上海外国语大学图书馆等开展了相关探索：北京大学图书馆建立了机构知识库、学者库、研究数据开放平台，上海外国语大学图书馆建立的数字学术服务平台提供各类科研成果的长期保存服务。任树怀认为，数字学术包括数字人文、数据保存、开放获取等。我国图书馆界目前对数字人文服务的关注较多，开展了数字人文服务方面的研究、实践及学术交流活动，为我国高校图书馆推进数字学术服务奠定了基础。例如，上海图书馆从家谱开始，利用相关的方法和技术，实现了面向知识发现的数字人文服务，并开展了面向数字人文的图书馆开放数据服务研究与实践；中山大学图书馆开展了徽州文书数字人文图书馆建设实践。

所检索文献中有 16 篇论文以"数字学术服务"作为研究视角或背景，对国外图书馆数字学术服务实践予以案例引介和客观评述，例如美国莱斯大学从空间、资源、设备、资金和人才等多方面构建了完整的数字学术服务生态环境；牛津大学图书馆建设了牛津大学数字学术中心；佐治亚理工学院图书馆建设了数据可视化工作站；纽约大学图书馆提供期刊出版咨询、版权咨询、版权研究指南等。然而，目前高校图书馆的数字学术服务仍然较为分散且形式多样，尚未形成统一的业务标准，也未建立系统全面的业务体系。

2. 国内外图书馆数字学术服务的差别

国外高校图书馆纷纷通过组建数字学术团队，设立数字学术空间、数字人文实验室等，募集专项基金资助，开展一系列数字学术服务活动；国内高校图书馆数字学术服务仍处于初创阶段，图书馆开展的数字学术服务项目大多零星分布于图书馆网站"科研支持""学习支持"等栏目，服务方式单一、服务内容有待深入，未能形成有效的数字学术服务体系。

由此可见，国内外数字学术服务相关研究和具体实践差异明显。国外相关研究相对成熟且形成了一定的服务机制，服务内容较为明确，覆盖面广。而国内数字学术服务尚处于初创阶段，各馆开展的数字学术服务也较为零散且缺乏深度，未能形成一致性、系统化的服务内容，很多大学图书馆尚未建立专门的数字学术服务机构，缺乏专业的数字学术服务人才队伍，大多数图书馆也未配置与之相应的数字学术服务空间，服务往往停留在学术团队虚体层面，或分散于学科服务、学习研究支持等服务中。

3. 存在差别的原因分析

（1）内部原因

从图书馆自身而言，大部国内高校图书馆对数字学术的重要性认识不足，对数字学术持保守态度，缺乏启动项目的支持，缺少机构承诺与长期投入，未将数字学术服务纳入基础服务体系。同时，数字学术服务基础设施不完善，现有馆员数字技术技能、数字学术服务能力、深入研究动机欠缺，馆员岗位配置中数字学术服务馆员岗位空缺等。这些因素都制约了数字学术服务的深入开展。

（2）外部原因

就数字学术服务的外部科研环境而言，尚未形成有效的学术开放获取机制，缺乏规范化的数据开放环境，这是我国高校图书馆数字学术服务开展较少的重要原因。数字学术的繁荣依赖开放数据，但目前我国高校图书馆对数据开放尚未达成共识。大部分受访大陆高校图书馆尚未制订与科研数据管理服务、开放存取、版权相关的政策与制度规范，缺乏政策执行层面的有效机制，未形成规范化的数据开放环境。

此外，部分科研人员特别是人文学科的部分学者对技术抱有偏见，也不利于数字学术服务的推进。一些学者质疑和抗拒数字技术的使用，甚至认为数字技术的使用是对人文原则的背叛。事实上，新的研究议题必然经历学术争鸣阶段，这恰恰是推动数字人文科学发展与研究深化的反向动力，是帮助数字人文研究者进行批判性思考的内在激励。

四、高校图书馆数字学术服务优化策略

1. 设立数字学术服务机构

我国高校图书馆应设立数字学术服务机构，由数字学术服务机构组织开展具体的服务工作。

首先，在数字学术服务机构的设立方式方面，高校图书馆可以根据自身

的资金条件、服务范围等方面的情况，选择独立设立数字学术服务机构，或者与校内其他机构合作设立数字学术服务机构。比如，高校图书馆可以与信息技术中心合作设立数字学术服务机构，信息技术中心可以为图书馆的数字学术服务提供新技术指导。

其次，明确数字学术服务机构的功能。数字学术服务机构是为数字学术研究提供必要的空间、资源、人力、服务的机构。新技术的发展推动了数字学术，图书馆的数字学术服务是基于新技术的服务，因此，数字学术服务机构应积极利用并推广新技术。数字学术服务的最终目标是促进新知识的产生与传播，数字学术服务机构应建立数字学术研究平台，使数字学术研究人员能够利用这个平台开展研究，并能通过这个平台实现知识的传播与共享，促进数字学术研究人员与其他机构人员的合作与交流，进而促进更多新知识的产生。

再次，数字学术服务机构应该在数字学术服务的软硬件建设、人力资源建设、服务内容等方面进行规划设计，使数字学术服务机构能够最大程度地发挥作用。

2. 重视数字学术服务团队建设

图书馆馆员是开展任何一项服务的必备要素，因此，我国高校图书馆应重视数字学术服务团队建设，为数字学术研究提供高质量的服务。

首先，高校图书馆应从各部门抽调精通计算机技术、学习能力较强的馆员，组成数字学术服务团队，由主管信息技术服务的馆领导担任团队负责人。

其次，服务团队成员应根据数字学术服务的内容进行分工，每个成员负责不同的工作。比如，设立数据支持馆员、数字化建设馆员、软件技术馆员、开放存取出版支持馆员等。

再次，重视服务团队成员的培养。高校图书馆应鼓励数字学术服务馆员参加数字学术相关的会议及培训班，例如，高校图书馆发展论坛、数字图书馆研修班等重视引入国外图书馆发展新理念的会议及培训班，通过参加这样的会议及培训班开阔数字学术服务馆员的视野，促使其不断学习新知识，提高服务能力。

3. 重视图书馆数字学术服务空间建设

目前，我国高校图书馆虽然非常重视物理空间服务，但还未见高校图书馆基于数字学术服务目的建立物理空间。因此，我国高校图书馆应重视图书馆数字学术服务空间建设。

首先，设立数字学术服务空间。高校图书馆在制订新图书馆建设规划，以及旧馆舍改造规划时，都应做好数字学术服务空间规划，适时设立数字学术服务空间。同时，制订数字学术服务空间使用规则，比如对于使用时限、使用目的方面的规定，使确实有需求者能够有序、有效使用。

其次，重视数字学术服务空间的硬件及软件建设。高校图书馆应通过咨询本校各学科数字学术研究人员的方式，了解其数字学术研究需要的工具，结合图书馆的经费情况，适当购买必要的软硬件设施，使数字学术研究人员能够在数字学术服务空间完成相关的研究工作。

再次，高校图书馆应积极宣传数字学术服务空间，使数字学术研究人员能够了解数字学术服务空间的设施与功能，了解数字学术服务空间对其数字学术研究所起到的作用，吸引数字学术人员利用数字学术服务空间，通过利用数字学术服务空间促进其数字学术研究的开展。

4. 创新以数字学术为核心的图书馆数字学术服务

在数字时代，计算机、各种分析软件是数字学术研究人员不可缺少的研究工具，研究成果也越来越趋近于全数字化，数字学术是数字时代的必然趋势。为了更好地服务于学术研究，我国高校图书馆也应顺应数字时代学术研究范式的变更，创新以数字学术为核心的图书馆服务。

（1）开展提高数字学术研究人员数字学术素养的服务

高校图书馆可以开展数字学术咨询、数据分析培训、数字学术研讨会等，为数字学术研究人员介绍数字学术相关的知识、数字学术的发展、数字学术研究工具，搭建数字学术研究人员交流的平台。

（2）开展数据分析服务

高校图书馆可以发挥馆员的计算机专业知识优势，借助相关的软件，为数字学术研究人员开展数据分析服务，节省其学习使用分析软件的时间。

（3）开展数字存储与数字学术出版服务

中国科学院文献情报中心已经建立了"中国科学院科技论文预发布平台（ChinaXiv）"，该平台是自然科学领域的中国科研论文开放仓储库，接收中英文科学论文的预印本存缴和已发表科学论文的开放存档；具有学术自治、快速发布、开放获取、稿件推荐、帮助保障首发权、便捷应用等服务功能。2022 年，ChinaXiv 发布 2.0 版本，国际化和互联互通水平显著提升，平台中英文新版页面上线。我国高校图书馆也可以建立类似的数字存储平台，开展数字存储与数字学术出版服务，促进学术交流与合作；高校图书馆在建立数字存储平台时，应注重平台的功能设计，制订平台运营管理政策，为平台平稳运作做好准备。

（4）为数字学术项目提供资金与人力支持

高校图书馆应在了解本校教师开展的数字学术研究情况的前提下，通过设立数字学术项目建设基金、馆员参与数字学术项目建设等方式，支持数字学术研究人员开展数字学术项目研究，为数字学术研究人员创造新知识提供资金与人力支持。为了保障资金来源，大学图书馆可以与校内其他院系共同合作设立数字学术项目建设基金，由图书馆负责基金申报、审批、管理等具体工作。

第二节　图书馆数字学术服务空间构建研究

近年来，随着数字技术与数字工具的不断发展，数字学术逐渐受到人们的重视。美国高校图书馆积极顺应数字学术发展的要求，开展了数字学术服务与数字学术空间支持。我国图书馆界也已经开始关注数字学术。本节对 13 所美国高校图书馆数字学术服务空间的功能定位与服务、空间划分、服务人员与空间配置、空间使用指南等进行调查分析，以期为我国高校图书馆数字学术服务空间建设提供一些借鉴。

一、数字学术服务空间定义

图书馆数字学术服务空间的界定为：数字学术服务空间是为数字学术提供支持的物理空间，面向数字学术人员开放，数字学术人员可以在数字学术空间从事数字学术工作，图书馆在数字学术服务空间开展数字学术相关的讲座、培训等活动。本节选择的分析对象都是建立了具有上述特征实体物理空间的美国高校图书馆。

二、调查方法及相关说明

本节采取文献调查与网络调查相结合的方法查找提供数字学术空间服务的美国高校图书馆，再进一步访问查找到美国高校图书馆的网站，获取其数字学术空间方面的信息。在文献调查方面，主要是通过知网、Emerald、Web of Science 等中外文数据库检索文献；在网络调查方面，主要是通过百度进行搜索。经过初步查找与进一步筛选，选择在数字学术服务空间方面的信息较为丰富的杜克大学图书馆等 13 所美国高校图书馆为调查分析对象。

三、美国高校图书馆数字学术服务空间建设现状

调查可知，弗吉尼亚大学图书馆是较早建立数字学术服务空间的美国高校图书馆，其于 2006 年建立了学者实验室。2010 年以后，建立数字学术服务空间的美国高校图书馆逐渐增多，如布朗大学图书馆分别于 2012 年和 2016 年在布朗洛克菲勒图书馆建立了数字学术实验室、数字工作室；圣母大学图书馆、东北大学图书馆、杜克大学图书馆分别于 2013 年、2014 年、2016 年建立了数字学术服务空间。

本节选取调查的 13 所美国高校图书馆都设立了专门的空间为数字学术提供服务。其中，有 9 所图书馆在数字学术服务空间内划分出不同的区域，作为特定用途的小空间（见表 7-1）。另外 4 所图书馆都未对数字学术服务空间的规划进行详细说明，只是设立了专门支持特定数字学术活动的空间（见表 7-2）。

表 7-1　美国 9 所高校图书馆对数字学术空间的划分

高校	空间名称	空间划分
圣母大学	数字学术中心	数字研究实验室与合作空间、教室、会议室、工作人员办公室
东北大学	数字学术共享空间	计算机实验室、交互式工作区、小组会议空间
杜克大学	研究、技术和协作共享空间	项目空间、数据和可视化服务实验室、数字工作室、研讨会室
弗吉尼亚大学	学者实验室	共享空间、研讨会室、教室、创客空间、工作人员办公室
迈阿密大学	数字学术中心	学者研讨会空间、会议室、数字影像实验室、影音工作室
印第安纳大学	学者共享空间	咨询室、数字化实验室（包括：开放的数字化实验室、安全数字分析室、音频/视觉空间）
俄克拉荷马大学	数字学术实验室	数字学术会议室、工作室会议空间、视频录音室
匹兹堡大学	数字学术共享空间	会议空间、工作人员办公室、咨询室、灵活的研讨会和活动空间、教学区、数字管理实验室、活动和展览空间
伊利诺伊大学香槟分校	媒体共享空间	媒体编辑空间、视频制作工作室、音频制作工作室
	创新、发现、设计与数据实验室	信息学实验室、展示空间、创新者设计室、3D 打印实验室、合作空间

表 7-2　美国 4 所高校图书馆的数字学术空间

高校	空间名称	高校	空间名称
布朗大学	数字学术实验室	莱斯大学	数字媒体共享空间
	数字工作室		地理信息系统/数据中心
俄勒冈大学	数字学术实验室	加州大学圣克鲁兹分校	数字学术共享空间

144

1. 数字学术服务空间的功能定位

美国高校图书馆设立的数字学术服务空间的名称各有特色，但总的来说，都以"数字""学术""学者""共享""数据"等词语为核心词，体现了数字学术服务空间是以学者的数字学术活动为中心，涉及数据管理等内容的、以共享为特色的空间。如东北大学图书馆的数字学术共享空间是斯奈尔图书馆提供的一个空间，教师和博士研究生可以在此空间获得一系列数字学术服务；数字学术共享空间也是一个合作的空间，教师可以举办研讨会，与学生见面，与其他学科的学者联系。伊利诺伊大学香槟分校图书馆的媒体共享空间为教师和学生提供体验新兴技术的实验，扩大教育技术的最佳实践，提供学习机会，为教师和学生提供创作、传播、使用和策管数字媒体的能力，其目标是满足广泛的使用媒体创建工具、多媒体硬件和软件的信息技术培训、媒介素养教学等方面的需求。布朗大学图书馆的数字学术实验室专为与学者合作，以及在丰富数据和视觉媒介的研究工作中灵活、方便使用而设计；布朗大学图书馆的数字工作室扩大了数字学术实验室的概念和功能，图书馆欢迎各级学者到数字工作室，不管他们是咨询数字项目的内容和设计、模型或分析数据，创建原型或完成多媒体演示，学习新工具，还是探索将传统资源结合到新形式的研究和学术中。

由此，可以将美国高校图书馆数字学术服务空间的功能定位归纳为：图书馆数字学术服务空间是促进数字学术人员交流与协作的空间，是学术人员从事专门的数字学术工作的空间，是图书馆为提高用户的数字学术素养专门开展培训活动的空间。

2. 数字学术服务空间提供的服务

调查可知，美国高校图书馆数字学术服务空间提供的服务可以归纳为两大类：

（1）图书馆组织开展数字学术相关活动。

例如，俄克拉荷马大学图书馆的数字学术实验室每周提供两种见面会：周三上午 10～12 点为数字人文见面会，周四下午 1～3 点为数字学术见面会；匹兹堡大学图书馆的数字学术共享空间说明，用户可以在空间内参加研讨会，与同事会面讨论项目，为自己的研究进行一类资源的数字化，就数字工具或数据密集型工具的使用咨询图书馆馆员，查看匹兹堡大学师生的数字学术作品等。

（2）为数字学术人员与数字学术项目相关的活动提供支持。

例如，加州大学圣克鲁兹分校图书馆的数字学术共享空间通过使用数字工具支持学术或学术活动，主要包括：为数字学术活动提供技术、基础设施和工具支持；与社区成员一起孵化新的数字项目；作为数字活动的枢纽将研究者、教师和学生与校内可获得的服务相连接；举办邀请及展示广泛领域的新形式的学术产出的活动和研讨会；从事支持项目的工具和技术的研究与开发工作，促使更广泛地理解数字学术和学术交流。

图书馆组织开展数字学术相关活动可以提高学术人员对于数字学术和数字技术的了解，从而促进数字学术理念的传播与数字技术的应用。数字学术人员利用图书馆的空间开展与数字学术项目相关的活动，可以促进不同学科人员之间的协作，获得从事数字学术的工具与技术支持，促进数字学术活动的开展。

3. 数字学术服务空间的划分

由调查可知（见表7-1），9所美国高校图书馆数字学术服务空间的划分方法不尽相同，主要包括四种类型。

（1）工作人员办公空间

设置工作人员办公空间以便快捷地为用户提供服务。例如，圣母大学图书馆、弗吉尼亚大学图书馆、匹兹堡大学图书馆等都设立了工作人员办公室，将工作人员统一安排在数字学术空间办公。

（2）交流空间

这是供用户之间或用户与图书馆工作人员之间沟通、交流的空间。例如，印第安纳大学图书馆、匹兹堡大学图书馆等设立的咨询室，迈阿密大学图书馆、匹兹堡大学图书馆等设立的会议室等都属于交流空间。其中，印第安纳大学图书馆共设有8个咨询室，其中4个咨询室容量为8人，3个咨询室容量为4人，1个咨询室容量为5人；迈阿密大学图书馆设立的会议室可以用于小组协作、项目会议，或者研究小组的见面或工作。

（3）教学空间

这是图书馆用来开展数字学术相关的教学、培训、讲座等活动的空间。例如，弗吉尼亚大学图书馆、圣母大学图书馆等设立的教室。其中，弗吉尼亚大学图书馆设立的教室是学者实验室与图书馆其他部门共同使用的灵活的学习空间，用于图书馆相关的教学、研讨会、特邀演讲及其他特殊活动；学者实验室开展的研讨会、系列讲座活动都是在该空间进行；同时，在无活动安排的时候，该空间用作普通的学习空间。

（4）数字创作及数字研究空间

13 所美国高校图书馆都设立了该空间，是用户基于一定的技术工具进行数字形式的创作及数字研究的专门空间，名称中带有"数字""数据""制作"等词的空间都属于这类空间。例如，莱斯大学图书馆的数字媒体共享空间，圣母大学图书馆的数字研究实验室与合作空间，杜克大学图书馆的数据和可视化服务实验室、数字工作室等。其中，莱斯大学图书馆的数字媒体共享空间支持教育、学术及创造性表达中的多媒体的创作及使用，提供实习培训、数字项目协助等服务，并提供必要的创建数字资源的工具，例如，创建数字视频和音频、图片和动画、演示文稿及网页等；杜克大学图书馆的数据与可视化服务实验室主要为项目提供研究计算，如涉及数据分析、数据可视化、数字影像和统计的项目。

4. 数字学术服务空间的服务人员与资源配置

美国高校图书馆数字学术服务空间有专门的服务人员，并配备了软硬件设施。

（1）在服务人员方面

美国高校图书馆的数字学术空间有专门的工作人员负责空间管理与协调、空间使用安排、相关技术工具咨询等工作。例如，俄克拉荷马大学图书馆的数字学术实验室有 2 位数字学术专家负责具体的咨询与实验室预约使用工作。2 位数字学术馆员的专业特长分别为：数字学术项目评论、文本分析、项目管理，数据可视化、内容管理系统、数字学术项目评论、GIS/网络映射、Omeka。此外，该馆数字学术实验室网站还提供了 9 位图书馆内其他与数字学术相关的工作人员，每位工作人员都有专业特长，分别是：社会科学与人文馆员、新兴技术馆员（2位）、人文馆员、研究数据专家、科学馆员、社会与行为科学馆员、开放教育资源和学术交流协调员、地理空间系统馆员，用户可以通过图书馆数字学术实验室的网站在线预约与这11位工作人员进行咨询。布朗大学图书馆的数字学术实验室由数据可视化协调员帕特里克（Patrick）及布朗大学图书馆的数字学术中心共同管理，由布朗大学图书馆数字学术中心的专家为各学科的学生和研究者提供如下帮助：数字成像、迭代项目设计和实施、版权和合理使用、数据策管和管理、归档和存储库服务、数字学术方法和实践、交付和数字内容的传播等。

（2）在软硬件设施方面

美国大学图书馆根据数字学术空间的实际需要配备相应的设施，包括最基本的桌椅、电脑、投影仪等通用设施，以及专门供数字学术工作使用的扫描仪、专用分析软件等。例如，迈阿密大学图书馆数字学术中心的不同空间配有不同设施，其中，学者研讨会空间是一个开放的平面空间，可以规划为小组互动、稍大规模的班级研讨会、长期项目使用的工作间；配有带轮子的桌椅，以方便在空间内移动；配有网络设施。会议室配有交互式数字放映机，学术四视图，以及电脑。数字影像实验室配有专业扫描设备，其中包括装有图书扫描系统的相机、缩微胶片扫描仪、Hasselblad幻灯片扫描仪、数字拷贝站。影音工作室配有视频编辑设备和高清视频摄像机。印第安纳大学图书馆的数字化实验室配有多种品牌的扫描仪、磁带录音机、DVD播放器、CD/DVD复印机、DVD/光盘转换器、读卡器、电脑等设施。俄勒冈大学图书馆的数字实验室配备了展示与大显示器系统、电话会议系统、沙箱环境等30多种软件，以及电脑、扫描仪、Arduino Uno开发工具包等设备。

5. 数字学术服务空间的使用指南与使用政策

美国高校图书馆通过制订数字学术服务空间的使用指南与使用政策，以明确数字学术空间面向的对象、空间允许开展的活动、空间的使用注意事项，便于数字学术服务空间的管理与高效使用。圣母大学图书馆制订了数字学术服务空间的使用指南；杜克大学图书馆同时制订了数字学术服务空间的使用指南与使用政策；俄克拉荷马大学图书馆制订了数字学术服务空间的使用政策。

（1）圣母大学图书馆数字学术服务空间使用指南

圣母大学图书馆制订的数字学术服务空间使用指南涉及预约规则、用户类型、家具使用、餐饮等方面。具体为：数字研究实验室与合作空间、教室、会议室等3种类型的空间只能在数字学术中心正常开放时间接受预约使用；优先考虑图书馆业务和教师教学请求；学生可以在每周一至周四下午6点以后及周六、周日的任何时间申请使用房间，当预约与图书馆或课程相关的活动冲突时图书馆保留在任何时间终止学习小组预约使用的权利；房间的最大容量不得超过安全规定；图书馆不安排工作人员负责活动，用户负责协调活动所需的任何额外的材料或必需的支持；不经过数字学术中心的事先允许，室内禁止餐饮；移动家具和设备后，必须放回原处；图书馆参观者应注意爱护图书馆的设施；预约使用的联系人在房间使用期间对房间的任何损坏负责；教师基于学分累计的课程使用数字学术中心的房间，需要在线填写申请表。

（2）杜克大学图书馆数字学术服务空间使用指南与使用政策

① 数字学术服务空间使用指南

杜克大学图书馆制订的数字学术服务空间使用指南涉及数字学术服务空间开展的活动、用户使用指南、举办会议指南3个方面。

在数字学术服务空间开展的活动方面，该馆定期举办研讨会、课程以及展示学术研究的特殊活动，尤其是用户参与新研究方法、用户参与重要的研究问题、展示研究尤其是跨学科的研究等方面的课程。

在用户使用指南方面，包括使用空间的一般指南、为个人举办活动预约使用空间、空间容量、空间内可以获得的技术、使用房间举办活动需要的准备等方面。如使用空间的一般指南包括：突出研究、技术和协作共享空间的跨学科、基于团队、数据驱动或数字化相关研究使命的研讨会或演示活动优先使用，只能在图书馆正常开放时间使用研讨会议室举办活动，使用研讨会室举办活动到指定地点取还钥匙等。

在举办会议指南方面，研究、技术和协作共享空间偶尔可以举办会议，主要是在学期之间或休息时间；举办全天会议或多天会议需要提交申请，按要求提供相应的信息。

② 数字学术服务空间使用政策

杜克大学图书馆制订了项目空间、数据和可视化服务实验室等空间的使用政策。

项目空间的使用政策包括：提前预约的两个小组或多个小组优先使用；预约使用的小组必须获得预约可用的确认；当预约者准备使用时，未预约者需要离开；房间为预约者保留 15 分钟，15 分钟后未按预约时间使用，取消预约，将允许其他人使用；每个小组每天最多使用项目房间 3 个小时；预约使用者不能在空间内存放个人物品；必须允许房间服务人员进入室内清扫。

数据和可视化服务实验室的使用政策及操作程序包括：项目中需要使用实验室的软件和硬件的研究者优先使用，在使用高峰期或有其他人等待时，没有此类需求的人将会被邀请搬到不太专业的空间；周末晚间可能有几小时需要进行电脑维护，在此期间实验室电脑不可用；在室内开展长时间运行的工作需提前与工作人员联系，且最好不是在使用高峰或有其他人等待时开展此类工作；从事扫描项目的用户优先使用扫描工作站；注意以适当的方式保存工作记录。

(3) 俄克拉荷马大学图书馆数字学术服务空间使用政策

俄克拉荷马大学图书馆制订了数字学术实验室的一般政策，以及针对不同类型空间的政策。一般政策涉及用户类型、开放时间、房间预约、食物与饮料、技术帮助等方面；针对不同类型空间的政策涉及预约程序、容量、家具、允许使用、禁止使用等方面。

例如，数字学术实验室一般政策包括：数字学术实验室只允许教师和研究生使用；数字学术实验室的开放时间为每周一至周五的上午 8 点至下午 5 点，如果需要在其他时间使用，需要提前与数字学术专家协商；建议用户预约空间；空间内允许食用食物和饮料，不允许喝酒；如果使用空间内的技术时需要帮助，需要与数字学术专家预约。

又如，数字学术会议室的使用政策包括：需要联系数字学术专家进行预约；容量为 15 人；有一张大桌子和 11 个座位，还有 6 把备用的椅子；使用视频会议系统，需要提前预约，工作人员会提前进行调试；允许使用的情况：研究或教学中涉及数字学术的会议、使用 Bluejeans 视频会议系统的会议、现场视频研讨会和会议、与图书馆研究相关的一次性班级会议；禁止使用的情况：与数字学术或图书馆研究无关的外部部门会议、反复出现的班级、两人或更少人的会议。

四、我国高校图书馆数字学术服务空间构建策略

1. 筹划建立数字学术服务空间

当前，我国图书馆界也非常重视图书馆空间再造，在图书馆界召开的多个学术会议上，国内多位知名学者的专题报告中也都述及图书馆空间再造的内容。数字学术的兴起与发展，也为我国高校图书馆的空间再造带来了新的机遇与挑战。美国高校图书馆的成功实践也启示我国高校图书馆应筹划建立数字学术服务空间。

建立的步骤与方案为：首先，高校图书馆应对本校教师和学生从事的数字学术现状进行调研，了解本校用户对数字学术支持的需求；其次，高校图书馆应对现有空间使用进行评估，确定改造现有空间建立数字学术服务空间的方案；再次，高校图书馆应做好空间改造的经费预算，确保能够顺利建立数字学术服务空间。

2. 重视引进新兴技术工具

数字学术工作需要必要的新兴技术工具，无论我国高校图书馆是否建立数字学术服务空间，都应该重视引进新兴技术工具，并加强馆员使用新兴技术工具的培训工作，使馆员能够为用户的数字学术工作提供服务，也方便馆员自身根据图书馆发展的需要开展数字学术工作。高校图书馆可以开展新兴技术工具应用方面的调研，确定需要引进的新兴技术工具。杜克大学图书馆的数据与可视化服务实验室配备了工作站、扫描仪等硬件，还有 RStudio、SAS、MatLab、StatTransfer 等统计软件，Tableau Public、Adobe Creative Cloud、Gephi 等可视化软件，ArcGIS、Google Earth Pro 等地理信息系统软件等共计十余种软件，这些都是数字学术工作中比较常用的技术工具，我国高校图书馆可以作为参考。

3. 重视提高现有空间的利用率

目前，我国一些高校图书馆建立了面向特定用户的研讨空间等，但是有的高校图书馆对这种空间的利用率并不高。我国高校图书馆可以借鉴美国高

校图书馆提高现有空间利用率的方法。例如，设有研讨间的高校图书馆，可以在研讨间现有设施的基础上，配备研究需要的软硬件设施，吸引专业研究人员使用研讨间。此外，近年来很多高校都鼓励本科生开展研究，参与研究的本科生也越来越多，本科生对于研讨间的需求往往多于教师与研究生，高校图书馆可以将研讨间的用户群体扩展到本科生。

又如，拥有专门具有举办较大规模会议的会议室的图书馆，可以将会议室面向校内教师开放，为教师召开研究、教学类会议提供便利；还可以配置一些可以移动的隔离板，将会议室划分成小空间，在无会议安排期间作为研讨小间供用户使用；在提高会议室利用率的同时，也在一定程度上提高了教师对图书馆的认可度。

4. 重视制订空间使用指南

信息共享空间、学习共享空间、研讨间、数字学术服务空间等都是高校图书馆传统空间的扩展，是面向特定用户的特定的空间。虽然，我国高校图书馆尚未建立数字学术服务空间，但是一些高校图书馆已经建立了信息共享空间、学习共享空间、研讨间等类型的空间，我国高校图书馆可以借鉴美国高校图书馆重视制订空间使用指南。其中，空间使用指南应对空间面向的用户类型、空间内设施使用方法与使用要求、空间开放时间、空间优先使用规则、个体使用空间的时间限制等方面做出明确的规定。本着方便用户使用空间的原则制订使用指南，并注意指南内容的合理性与适用性。

美国高校图书馆建立的数字学术服务空间，为教师和学生的数字学术活动提供了良好的沟通协作的空间环境，为教师和学生的数字学术项目研究提供了必要的空间与设施，为图书馆开展数字学术教学与讲座等活动提供了必要的场所，符合数字学术发展的需要，是高校图书馆空间再造的成功典范。我国高校图书馆可以借鉴美国高校图书馆的成功经验，结合本校教师和学生的需求以及本馆实际情况，适时建立数字学术服务空间，促进数字学术的发展。

第三节　图书馆数字学术服务人员配置研究

近年来，北美高校图书馆纷纷通过组建数字学术服务团队、设立数字学术服务部门、建立数字学术服务中心等形式为用户提供数字学术服务。而人员是高校图书馆开展数字学术服务的必要因素，北美高校图书馆开展数字学术服务较早，并且在不断完善数字学术服务。了解北美高校图书馆数字学术服务人员的构成、职责与技能等，对我国高校图书馆设置此类服务人员、开展数字学术服务具有积极的借鉴意义。

美国研究图书馆协会（Association of Research Libraries，ARL）在获得 73 个高校成员馆（以下简称 ARL 成员馆）关于数字学术服务支持的调查反馈后，于 2016 年 5 月发布了《SPEC Kit 350：支持数字学术》（SPEC Kit 350：Supporting Digital Scholarship）调查报告（以下简称报告），对北美高校图书馆数字学术服务人员的构成进行了较为详尽的说明。报告的调查者将数字学术活动分为元数据创建、数字化馆藏资源、数据策展与管理、数字保存等 19 种，并围绕这 19 种数字学术活动开展调查。

笔者于 2022 年 7 月中旬至 8 月上旬，查找了美国图书馆协会的 JobLIST 网站、ARL 的 Job Announcements 网站等发布的北美高校图书馆招聘数字学术服务人员的信息；并通过访问部分北美高校图书馆网站数字学术服务相关页面，获得了关于数字学术服务人员的信息。本节以报告中关于数字学术服务人员的内容为主要信息源，以后述两种方式获得的信息为辅助信息源，分析北美高校图书馆数字学术服务人员的设置情况，以期为我国高校图书馆提供借鉴。

一、数字学术服务人员的数量与类型

1. 数量

ARL 成员馆在不同数字学术服务活动中安排的人员数量不尽相同，具体情况如下：

（1）就单个成员馆支持每种数字学术活动的人员数量来看，支持模拟材料的数字化/成像、数字保存、数字化馆藏资源、元数据创建、GIS 和数字映射的人员占本馆全部数字学术支持人员的比例达到了 92% 以上。

（2）从支持单项数字学术活动的人数来看，每项活动支持人数的最小值为 0.25，最大值为 30；有 10 种数字学术活动都至少有 1 人负责，有 12 种数字学术活动的最大支持人数为 9～15 人。例如，在可视化、统计分析/支持、GIS 和数字映射等 6 种数字学术活动中，被调查者填写的支持数字学术活动的人数的最小值为 0.25，说明上述可视化等 6 种数字学术活动的支持工作是由图书馆工作人员兼职负责的。

（3）从支持单项数字学术活动人数的平均值来看，平均值为 2.42～6.55，其中，数字化馆藏资源、项目计划、模拟材料的数字化/成像、元数据创建等 4 种数字学术活动支持的平均人数都在 5 人以上，尤其是支持数字化馆藏资源的平均值最大，为 6.55 人。而最小平均值为 2.42 人，为计算文本分析/支持这一学术活动的支持人员。此外，编码内容、统计分析/支持、GIS/数字映射 3 种数字学术活动的支持人数平均值也都不足 3 人。

2. 类型

由于数字学术服务工作多由不同部门员工负责，而且数字学术活动类型较多，需要提供数字学术服务的人员也较多，因此，北美高校图书馆数字学术服务人员涉及的类型也较多，主要包括：图书馆馆员、支持员工、专业人员、档案员、研究生助理、本科生助理、实习生、访问学者等，其中以图书馆馆员、支持员工、专业人员、档案员等 4 类人员为多数。例如，华盛顿州立大学图书馆建立的数字学术与策展中心，有图书馆馆员、专家、档案员、访问助理教授、项目助理、研究生助理、本科生助理等类型的人员支持数字学术。波士顿大学图书馆有 2 位图书馆馆员和 2 位专家负责数字学术服务工作。

二、数字学术服务人员的职位

报告述及，有 69 个 ARL 成员馆提供了与支持数字学术相关活动关系最为紧密的人员情况。按照调查的要求，每个成员馆最多提供 4 位此类人员的职位信息，共计获得了 231 个职位信息。基本情况如表 7-3 所示。

表 7-3　数字学术服务人员的职位情况

职位数量/个	1	2	3	4
成员馆数量/个	5	8	14	42
职位举例	数字项目馆员、数字学术馆员	数字学术实验室主任、数字图书馆服务总管	数字人文馆员、GIS 馆员、可视化服务部门主任、版权与数字学术中心主任	数字媒体与计算部门主管、数字化与机构库服务部门主管、研究数据与可视化协调员、数字学术专家

1. 职位类型

在职位类型方面，提供 1 个职位信息的成员馆，强调工作人员需要负责协调或支持一些项目；提供 2 个职位信息的成员馆，提供的一个职位多是上层管理职位，另一个职位多是具有特定功能的职位；提供 3 个职位信息的成员馆较多地提供了 GIS 和地图、数字分析、各相关部门的主任等职位，也涉及了开发人员、可视化专家和学术交流支持等职位；提供 4 个职位信息的成员馆提供的职位涉及的作用和工作更加广泛，职位从高级管理人员、教师、学科事务专家、协调员，到各种单一的职位，如有的成员馆提供的职位涉及创客空间、可视化、机构库的管理等。

在 ARL 成员馆提供的职位中，馆长及副馆长等高层主管、部门主任所占比例为 8 成以上，其他为各种专业馆员，由此可知，ARL 成员馆的高层主管、部门主任与数字学术服务工作关系紧密。很多 ARL 成员馆已经建立了良好的数字学术服务参与文化；同时，这些职位所涉及的高级职位的数量多，说明数字学术服务已经成为研究过程的重要组成部分，而不再是小众服务。

2. 数字学术服务人员的职位设立时间与方式

从数字学术服务人员的职位设立时间来看，最长的为 21 年，最短的为 1 个月，平均值为 4.6 年；其中，在该职位工作 5 年及以下的人员占 74%，在该职位工作 6 年及以上的人员占 26%。可见，北美高校图书馆设立的数字学术服务职位数量及人员在近 5 年才大幅增加。

从职位设立的方式看，在 231 个职位中，有 106 个职位（占 46%）为新设立的职位，有 87 个职位（占 38%）为已经具备恰当技能的职位，有 38 个职位（占 16%）为在现有职位中增加数字学术支持职责的职位。

可见，ARL 成员馆开展的数字学术服务工作既有图书馆原有的工作，也有随着数字学术发展而新增加的工作。在 231 个职位中，有 217 个职位为永久性的全职职位，有 4 个职位是永久性的兼职职位，有 10 个职位是限期职位，这些限期职位通常受基金支持，融入图书馆员工层次结构和角色中，是图书馆任务规划的一部分。这种永久性的职位人员安排能够保证数字学术服务工作持续性开展。

例如，在职位设立方式方面，有成员馆说明：2015 年，为了满足日益增长的数字学术需求，创建了一些图书馆员工角色；数字学术服务职位将数字化、知识库和数字出版等工作汇集到一起，以更好地处理学者的项目，以及开放存取出版的要求。还有成员馆说明：目前的数字出版和保存馆员职位由先前的元数据馆员职位重新定义而来，虽然原职位人员已经离任，但是，先前的元数据馆员职位已经自 2007 年起承担数字学术服务工作。由此可见，随着数字学术的发展，ARL 成员馆通过设立新的数字学术相关职位、增加原职位的职责范围等方式进行人员配置，为数字学术工作提供系统全面的支持。

三、数字学术服务人员负责的工作

报告述及，231 个职位中的许多人员继续致力于传统的图书馆项目，包括数字化馆藏资源、数据策展和管理、数字保存和元数据创建。数字学术服务人员从事最多的工作是项目规划（占 30%）、项目管理（占 29%）；同时，分别有 79% 的人员将项目规划、67% 的职位人员将项目管理作为其负责的3 项主要工作之一。

笔者调查也发现，北美高校图书馆正在考虑其工作计划和招聘中的变化和发展。负责每项工作的职位数据显示，这些数字学术服务工作是高度分布式的，甚至比较多的技术和信息技术工作或者管理工作也是由图书馆大量的人员提供服务支持的。例如，分别有 47%、37%、38%的职位人员支持数字出版、可视化、界面设计和/或可用性，而这些工作之前多是图书馆外包的工作。然而，仅有不足 10% 的人员主要负责 3D 建模和出版、数据库开发、统计分析、技术维护、软件开发等工作，从事这些工作的人员可能集中在数字学术中心。

在数字学术服务人员负责数字学术工作的形式方面，有的数字学术服务人员根据数字学术活动需要开展工作，有的数字学术服务人员则是按照相应职位的具体职责开展相应的工作。

例如，有成员馆说明：该馆有 2 个元数据馆员按比例分配时间来支持数字学术，这种人员安排为完成大型数字项目发挥了重要作用。由于元数据馆员支持数字项目，从数字化材料的大型数据库可以搜索到创建的动态历史网络地图，以及经转录的手稿的 TEI 编码的数字版本，使得在实现项目的功能和可用性方面至关重要。

再如，德克萨斯大学奥斯汀分校图书馆招聘地理信息系统和地理空间数据协调员时说明：该职位人员属于数字学术部门，具体负责开发和实施该图书馆内部的集中式 GIS 服务；与该图书馆信息技术部合作，建立和发展支持 GIS 相关数字项目、研究和教学所需的基础设施和相关解决方案；设计和管理空间化的数据库，以支持使用和访问该图书馆的地理空间数据集等。

四、数字学术服务人员的学位与技能

1. 数字学术服务人员的学位

报告中述及了 228 个职位人员的学位信息。其中，228 个职位人员都具有文科学士学位/理科学士学位，152 个职位人员具有图书情报硕士专业学位/图书情报学硕士学位，121 个职位人员具有文科硕士学位/理科硕士学位，50 个职位人员具有博士学位。

在具有博士学位的人员中，大多数是人文学科的博士（尤其是英语、文学、历史学科）、社会科学博士、信息和图书馆学博士；一些是地理科学博士；少数是病理学博士、分子医学博士、计算机科学博士。

获得文科硕士学位/理科硕士学位的人员的学科范围更加广泛，如人文科学、图书情报科学等，这些人员中也有著名的美术和设计学位、跨学科的学位，以及更加多样的科学和医学学位。绝大多数具有文科学士学位/理科学士学位的人员的所属学科都是人文科学和社会科学。

可见，北美高校图书馆的数字学术服务人员具有较高的学位，并且人员所学的学科类别较多。有的北美高校图书馆的数字学术服务人员普遍具有较高的学位，如埃默里大学图书馆共有 39 位数字学术服务人员，其中有 33 人具有博士学位或为在读博士，有 3 人具有硕士学位，另外 3 人具有学士学位。而且，该馆数字学术服务人员的学科类别也较多，涉及人文科学、社会科学、自然科学等。

2. 数字学术服务人员的技能与能力要求

本小节从北美高校图书馆招聘数字学术服务人员的信息入手进行分析。北美高校图书馆数字学术服务人员的技能与能力主要包括两个方面：与工作职责相关的知识和经验、个人能力。

（1）与工作职责相关的知识和经验

北美高校图书馆重视数字学术服务人员所具备的与所负责工作相关的知识和经验。

例如，伊利诺伊理工学院图书馆招聘的数字学术馆员，属于数字学术部，其主要职责为：为伊利诺伊理工学院社区提供数字学术与出版所需的资源，为教师和研究人员在数字学术、学术出版、开放获取、学术交流等方面使用工具和相关实践，提供服务、技术专业知识、培训和支持；担任开放出版、数字人文项目和在线展览等和出版交叉学科项目的协调员。该职位人员的知识和经验要求为：具有在学术或研究图书馆工作的经验；具有网络出版和数字内容创作的经验；具有管理数字学术、数字人文或相关领域的经验和技能，如存储库服务、数字出版或学术交流；具有在学术环境中提供指导的经验。

又如，布朗大学图书馆招聘的数字人文馆员属于数字学术中心，其主要职责是为教师的数字人文项目提供直接的支持、咨询和项目管理；在使用已建立的和新兴的数字人文工具和技术方面为研究生和本科生提供指导和支持；与各级研究人员合作，在数字学术工具和技术方面提供专家咨询、支持和培训，包括但不限于数字策展软件、文本分析、数据挖掘、映射、社交网络分析和数据可视化；与布朗大学数字机构库工作人员紧密合作，为实现教师和学生项目的可持续发展而参与软件开发、元数据创建、保存和最佳实践。该职位人员的知识和经验要求为：具有在学术图书馆或数字人文相关职位工作 3 年的经验；具有使用 TEI、可视化、文本/网络分析、通用脚本语言、HTML5 和相关网络技术等数字人文科学的技术和标准的知识和经验；具有当前学术交流方面的知识。

再如，芝加哥大学图书馆招聘的地理空间系统与地图馆员（GIS and Maps Librarian），其主要职责为在支持使用地理空间数据和工具方面提供参考、咨询和指导；获取、操纵或查询地理空间数据，并与图书馆工作人员和其他校园专家协作，以改善数字地理空间资源的可及性，并进行保存数字地理空间资产的规划；提供 GIS 软件应用指导、开发在线资源，以帮助用户。该职位人员的知识和经验要求为：具有地理学或相关领域的经验；了解一个或多个桌面或基于云的 GIS 软件应用程序；了解一种或多种计算机编程语言；熟悉一个或多个统计和/或定性分析软件包。

（2）个人能力

北美高校图书馆对数字学术服务人员的个人能力也有相应的要求，主要涉及沟通能力、合作能力、表达能力等方面。

例如，德克萨斯大学奥斯汀分校图书馆要求地理信息系统和地理空间数据协调员具有的个人能力为：愿意采取创新的方法迎接新的挑战、解决问题；表现出良好的人际关系技能，专业的团队导向态度，以及与教职员工建立积极、富有成效的合作关系的能力；能够亲自以书面形式有效沟通，包括向非技术人员传达技术概念设施的能力；在完成多个同时进行的项目中表现出主动性和幽默感，以及在快节奏、不断变化的工作环境中高度适应不确定性的能力。

又如，布朗大学图书馆要求数字人文馆员具有的个人能力为：良好的沟通和人际交往能力；强大的公开演讲技巧；具有主动性、灵活性，以及独立工作和作为团队成员的创造性及有效工作的能力。

五、启示

1. 适时设立数字学术服务职位

在北美高校图书馆的数字学术服务职位中，有 40％多为新设立的职位，以便创新性地开展服务工作。我国高校图书馆也需要随着用户需求的变化创新服务，可以借鉴北美高校图书馆的做法，适时设立数字学术服务职位。

首先，高校图书馆在设立数字学术服务职位之前，应了解我国高校图书馆服务的发展趋势，了解本校用户的实际需求，并考虑到本馆的实际情况。这就需要进行必要的调研，调研国内服务体系较完善的著名高校图书馆开展的服务情况，调研主要用户群体的服务需求，对现有服务进行评估，进而确定数字学术服务职位的类型。例如，设立数字学术馆员、数据馆员、学术交流馆员、数字人文馆员、地理信息系统馆员等。

其次，设立数字学术服务职位时应明确规定职位职责，做出对于职位人员的知识、技能与个人能力的要求，以便能够让适当的人员遵照规定履行职责，促使数字学术服务人员有序工作。

再次，在数字学术服务人员选用方面，应采取面向馆内外公开招聘的方式，以便招聘到最适合数字学术服务职位的人员。

2. 以现有服务为基础开展数字学术服务工作

北美高校图书馆的数字学术服务职位中，有近 40％ 的职位是原有的已经具备适当技能的职位，可以理解为，北美高校图书馆的数字学术服务工作是融合了现有服务的综合性服务，也可以理解为，是北美高校图书馆在现有服务基础上不断创新的服务。借鉴于此，我国高校图书馆应以现有服务为基础开展数字学术服务，创新服务内容。

报告中将数字学术活动分为 19 种，其中数字化馆藏资源、数字保存、模拟材料的数字化/成像、数据库开发等，国内也有较多的高校图书馆开展了类似的工作。例如，已经建立了特色数字馆藏的高校图书馆，应借助于新兴的技术工具，更加有效地开发这些特色数字馆藏，并利用这些特色数字馆藏为用户开展相关的研究工作提供支持。又如，国内一些高校图书馆已经建立了机构知识库，这些高校图书馆可以在此基础上，为用户提供数据存储服务。

此外，我国高校图书馆也可以在本馆已经开展的服务的基础上，开展数字工具、新兴技术的推介与技术支持服务。例如，在开展信息素养教育的基础上，以讲座的形式开展新兴数字技术工具方面的宣传与推广工作，让更多的人员了解数字技术；在开展嵌入式服务的基础上，以嵌入研究人员的研究项目或教师课程中的方式提供深入的数字技术支持，从而为相关人员更好地开展数字学术工作提供技术支持。

3. 构建以专门人员为主、其他人员参与的数字学术服务模式

很多北美高校图书馆都采取多个部门的人员共同开展数字学术服务的模式，而且，建立了数字学术中心的图书馆，其数字学术服务以数字学术中心的人员为主。借鉴于此，我国高校图书馆可以构建以专门人员为主、其他人员参与的数字学术服务模式。

这里的专门人员是指负责图书馆开展的长期数字学术服务工作的人员，其负责日常数字学术支持工作。其他人员是图书馆其他多个部门的人员，他们具有一定的技能，能够胜任图书馆的某种或某些数字学术服务工作。其他人员在完成本职位工作的基础上，根据图书馆开展数字学术服务工作的安排，适当分配时间，完成数字学术服务工作。由专门人员负责与其他人员的沟通、协调工作。

这种数字学术服务模式，有利于高校图书馆根据实际服务工作的安排，确定参与数字学术服务的人员，也有利于让图书馆馆员各尽其能。采用这种模式时，应注意调动其他人员协作工作的积极性，将其参与数字学术服务工作作为其正常工作的一部分，而不是作为需要加班完成的额外工作，以便保证其主动高效地完成工作。

4. 安排部门主任或高级技术职务人员参与数字学术服务工作

ARL 成员馆提供的数字学术服务职位中，馆长及副馆长等高层主管、部门主任所占比例远高于其他各种专业馆员，这对促进数字学术服务工作的协调具有重要意义。

借鉴于此，我国高校图书馆可以尽量安排部门主任或高级技术职务人员参与数字学术服务工作，使他们成为参与数字学术服务工作的其他人员中的

一部分。部门主任往往是图书馆中具有某种专业技能的中坚力量，他们参与数字学术服务工作，不仅有利于不同部门人员参与数字学术服务工作的协调，也有利于其自身更好地施展才华。

同时，图书馆的高级技术职务人员，在职位技能、个人能力等方面具有出众之处，也是参与数字学术服务工作的最佳人选。需要注意的是，并不是安排所有的部门主任、高级技术职务人员参与数字学术服务工作，而是根据图书馆开展的数字学术服务工作的需要，以及这些人员自身的专业技能情况，综合考虑人选。

5. 建立层次较高的数字学术服务人员团队

北美高校图书馆的数字学术服务人员多具有硕士及以上学位，并且涉及较广泛的学科背景；北美高校图书馆在招聘数字学术服务职位人员时，对其技能与能力等都有明确的要求，这也体现了北美高校图书馆的数字学术服务人员整体处于较高的层次，能够很好地胜任数字学术服务工作。

借鉴于此，我国高校图书馆应建立层次较高的数字学术服务人员团队。首先，在学位方面，应选聘硕士及以上学位的人员，并且优先考虑具有与数字学术服务工作相关的学科背景的人员。其次，在技能方面，应选聘已经具备相应技能的人员，当缺乏相应技能人员时，应选派具有学习主动性的人员先参加相应的技能培训。再次，在个人能力方面，应结合具体负责的数字学术服务工作，确定人员应该具备的能力，再优先选聘已经具备所需能力的人员，如选聘具有沟通、合作能力，创新工作能力较强的人员等。

第四节　图书馆数字学术素养教育研究

近年来，数字学术得到北美高校学术研究人员的重视。北美高校图书馆纷纷以空间再造、整合现有服务、开展新的服务项目、开展数字学术素养教育等形式开展数字学术服务。高校图书馆将数字学术素养教育作为数字学术服务的一个重要方面，能够为学术研究人员提供良好的学习机会，从而帮助学术研究人员了解数字学术相关知识、掌握数字学术工具，有利于学术研究人员顺利地开展数字学术研究；高校图书馆在开展数字学术素养教育过程中，通过近距离与学术研究人员接触，也可以了解学术研究人员对于数字学术服务的需求情况，从而进一步明确开展数字学术服务的形式和内容；高校图书馆开展数字学术素养教育，比如采用工作坊这一教育形式，可以为学术研究人员创造良好的沟通交流与建立联系的机会，有利于学术研究人员实现目标。因此，本节对北美高校图书馆的数字学术素养教育进行调查分析，以期为我国高校图书馆提供一些借鉴。

一、调查方式及相关说明

本节采用调查图书馆网站与文献调查相结合的方法获取数字学术服务教育信息。在网站调查方面，由于美国研究图书馆协会（Association of Research Libraies，ARL）较多的成员馆近年来开展了数字学术服务，因此，笔者于 2022 年 7～9 月，访问了 124 个 ARL 成员馆的网站，以获取北美高校图书馆开展数字学术教育的信息。另外，ARL 于 2016 年 1 月，开展了面向其 124 个成员馆的关于支持数字学术的调查，该调查中将数字学术活动归纳为可视化、GIS 和数字映射、开发数字学术软件、数据策展与管理、元数据创建、统计分析/支持、数字保存、计算文本分析/支持等 19 种。因此，笔者在调查时，重点关注了北美高校图书馆网站设置的数字学术服务、GIS服务、数据服务、学术交流、学术空间等栏目。在文献调查方面，笔者检索了 Web of Sciengce、Ebsco、Emerald 等数据库，并利用百度学术搜索进行检索，以期获得北美高校图书馆数字学术教育方面的文献，检索式为"（library or libraries）"and"digital scholarship"。通过调查，有 29 所高校图书馆的网站上发布了数字学术教育信息，共有 6 篇数字学术方面的论文涉及了数字学术教育方面的信息，共涉及 35 所高校图书馆。

二、北美高校图书馆数字学术素养教育的形式与内容

1. 概况

北美高校图书馆采取的数字学术素养教育的形式主要为：开设课程、开展工作坊、提供在线培训教程与指南、开展融入数字学术活动的教育。

（1）开设课程

由表7-4可知，在调查的对象中，有7所北美高校图书馆开设了数字学术素养教育课程。这些课程由提供数字学术服务的不同部门负责，课程的类别与数字学术服务部门服务定位有关。例如，俄勒冈大学图书馆和埃默里大学图书馆分别由数字学术中心负责开设了名称涉及数字学术的课程，而普渡大学图书馆和北卡罗来纳大学教堂山分校图书馆由GIS服务部门负责开设的课程与GIS相关。从数字学术素养教育课程的内容来看，课程主要涉及数字人文、数字学术等综合性的课程，以及数据管理、各种分析方法、GIS和映像等专门性的课程，其中以具体的分析方法、数字人文介绍、数据管理等类别的课程为多数。数字学术素养教育课程面向的对象以研究生为主，这反映了研究生是数字学术素养教育需求的主要群体。

表7-4　北美高校图书馆开设的数字学术素养教育课程情况

图书馆	课程组织者	课程名称/类别	类型	面向对象
俄勒冈大学图书馆	数字学术中心	数字学术方法、数字人文介绍、数据管理、文本编码、编程介绍	学分课程	研究生
埃默里大学图书馆	数字学术中心	数字学术与媒体研究系列	证书课程	研究生
		技术、教育学、课程与研究		研究生
麦克马斯特大学图书馆	数字学术中心	数字人文介绍		
		我们其余人的电子产品		本科生
俄克拉荷马大学图书馆	数字学术实验室	数据可视化、内容管理系统、GIS和映像、数据清洗		
佐治亚大学图书馆	数字人文实验室	数字人文系列	证书课程	本科生
普渡大学图书馆	GIS服务部	资源管理的定量方法、遥感技术工具、地理信息系统数字地图等20门课程	学分课程	
北卡罗来纳大学教堂山分校图书馆	GIS与数据服务部	定量分析、定性分析、调查研究、空间分析、统计计算、数据科学、数据管理	短期课程	教师、员工、本科生、研究生

（2）开展工作坊

在 24 所开展了工作坊的北美高校图书馆中，笔者选择 10 所工作坊信息较详细的高校图书馆，将其开展工作坊的基本情况列于表 7-5。

由表 7-5 可知，北美高校图书馆开展的工作坊内容更加丰富、具体，尤其是以软件使用方面的工作坊为多数。由图书馆的数字学术中心或数字学术服务人员负责组织的工作坊，内容包括数字学术介绍、数字人文介绍等基本的知识介绍，以及数字素养、数据管理、版权、软件使用等多方面的内容；由专门开展某种类型服务的中心开展的工作坊的内容则与中心的主要服务有关。例如，地图和地理空间中心开展的工作坊的内容则涉及地理信息系统、地图等方面。从北美高校图书馆开展工作坊的内容我们也可以认为，数字学术活动需要必要的软件、工具进行数据创建与分析，数字学术活动涉及版权问题。同时，数字学术涉及的方面也较广泛，数字项目管理、数据管理、数据分析与处理、构建数据集等是数字学术的重要方面。

表 7-5　北美高校图书馆开展工作坊的基本情况

图书馆	课程组织者	工作坊主题举例
匹兹堡大学图书馆	数字学术服务人员	使用软件创建时间轴、查找和评估空间数据、保护个人信息、文献计量学、社会网络
华盛顿州立大学图书馆	数字学术与策展中心	数字基础工作坊，包括知识共享、隐形数字素养、数字隐私，使用软件创建视频
麦克马斯特大学图书馆	数字学术中心	数字学术介绍、基于 XML 的元数据、公民科学、使用社交媒体构建数据集、社会媒体研究数据伦理与管理
密歇根大学图书馆	数字学术服务人员	数字学术工具和方法概述、数字学术项目管理、版权和数字学术
亚利桑那州立大学图书馆	地图和地理空间中心	使用数字高程模型、开源 GIS 简介、访问地质图数据、编辑和提取 GIS 的开放街道地图数据
波士顿大学图书馆	数字学术服务部	文本操作和可视化简介、启动和管理数字化项目、人文数据集及其利用

图书馆	课程组织者	工作坊主题举例
圭尔夫大学图书馆	地图、GIS 和数据服务人员	数据技能系列工作坊，包括使用 Excel 处理数据、使用 OpenRefine 处理数据、使用 SPSS 分析数据
科罗拉多大学博尔德分校图书馆	研究数据和数字学术中心	数据可视化；数字人文基础系列，包括开始数字人文、文本分析、网络分析
明尼苏达大学图书馆	数字艺术、科学与人文服务部	U-Spatial 系列工作坊，包括使用 ArcGIS 在线进行空间分析简介、分析数据和创建地图、空间数据显示；自由主义艺术与创新服务系列，包括 Python 介绍、研究计算介绍
新墨西哥大学图书馆	数字计划与学术交流中心	数字人文学科介绍、演示工具和技术、用于数据分析的软件应用程序、信息和知识管理

（3）提供在线培训教程与指南

有 7 所北美高校图书馆提供在线培训教程与指南，既有高校图书馆本馆制作的在线教程与指南，也有引入的外部机构的在线教程与指南。例如，俄勒冈大学图书馆为了满足想到数字学术中心体验数字工具的用户的学习需要，制作了"快速成功"系列在线教程；圣地亚哥大学图书馆数字媒体实验室则是提供了 Tinkercad 公司的 3D 教程、来自 Iynda 公司的在线教程等。北美高校图书馆提供的在线培训教程与指南，极大地方便了用户学习。不但能让用户对数字学术工具有所了解，也能便于用户使用图书馆的软件资源，还能通过引入外部机构的教程增加图书馆的学习资源。

（4）开展融入数字学术活动的教育

笔者通过文献调查发现，有的北美高校图书馆开展了融入数字项目研究、数字学术成果保存等活动的数字学术教育。例如，拉斐特学院图书馆实施了为期 2 年的本科生参与数字学术项目的实习，使学生在建立数字学术项目过程中，学习数字学术相关的工具与知识。中田纳西大学图书馆对该校荣誉学院的教工进行教育，培训教工们如何登录软件、提交项目、通知提交的作者，在培训中演示如何进行操作、如何查找错误，使该校荣誉学院的教工能够顺利地向机构知识库提交数字成果。北美高校图书馆通过开展融入数字学术活动的教育，近距离与用户接触，深入了解用户的需求，更加有针对性地开展教育活动。

2. 数字学术素养教育典型案例

（1）埃默里大学图书馆的数字学术素养教育课程

① 案例介绍

埃默里大学图书馆开设了"数字学术与媒体研究"系列的证书课程。该课程面向完成该校研究生院的博士课程的学生，以及埃默里大学的员工和图书馆馆员。参与学习者需要完成 4 门课程的学习，其中，"数字学术和媒体研究"专题课程为必修课，并需要通过数字学术方面的实习，另外 2 门课程需要从给定的课程列表中选择，选择的课程需要以数字媒体和学术为特色。"数字学术和媒体研究"专题课程包括什么是数字学术、什么是数字人文等基本问题，提供数字技术对于研究影响的广泛介绍，特别是对于人文学科影响的介绍。实习需要围绕数字学术项目，可以在埃默里校内或校外的数字学术相关机构实习。

学习者完成 4 门课程后，还需要完成最后的研究论文或数字项目。按要求完成全部内容后，将会获得由埃默里大学研究生院授予的证书。

② 案例分析

埃默里大学图书馆开设的证书课程的课程设计极具典型性。该证书课程以"数字学术与媒体研究"为核心，不但设置了与数字学术、数字媒体相关的必修课、选修课，还安排了数字项目实习课程，并要求完成研究论文或数字项目。这体现了埃默里大学图书馆的数字学术素养教育教学程序规范，课程的教学内容重点突出，教学内容丰富的特点；也体现了既注重教授理论知识，又重视培养学习者的实践操作能力的特点。

此外，由研究生学院为通过学习要求的学习者授予证书，在一定程度上能够激发学习者的学习积极性。学习者通过学习数字学术证书课程，可以对数字学术与数字人文、数字媒体等方面的基础知识有全面的了解，还可以将学习到的理论知识运用到数字项目研究，从而了解数字学术工具，了解数字学术项目研究的方法与流程，为进一步开展数字学术研究积累经验。

（2）拉斐特学院图书馆融入数字学术项目的教育

① 案例介绍

拉斐特学院的图书馆馆员分别于 2015 年、2016 年设计了为期 6 周的暑期实习项目——数字人文暑期学术项目（Digital Humanities Summer Scholarship，DHSS)，DHSS 是以图书馆为中心的本科生参与数字学术的模式。

实习期间，本科生可以设计和创建原创数字研究项目；学生自己选择研究问题、工具和方法以及最终的项目；图书馆馆员通过开展贯穿数字学术项目研究过程的数字学术教育活动，为学生提供在研究中互相学习的机会。比如，图书馆通过开展工作坊的方式，聚焦学生的研究问题，分析研究问题是否可行，然后集思广益如何去进行研究；图书馆馆员带领学生讨论如何评估和引用工具、图像、媒体、文章、书籍和参考资料；图书馆馆员与学生们讨论文献合理使用、原创作者和版权等方面的问题等。

在 DHSS 项目中，当学生们学习了不同的人文主义者在阅读材料中使用的词汇后，他们的首要任务之一是找到可能在现场或方法上与他们的工作联系起来的数字人文项目，并对它们进行解压和分析；然后，学生之间互相展示工具、方法，讨论其对项目论证及最终目标所起的作用。接下来的几周时间里，学生们通过识别这些项目所使用的软件，以及为同学们进行工具演示来掌握有关工具、方法等方面的知识。

拉斐特学院图书馆的这种数字学术教育取得了良好的效果。2016 年的实习项目结束后，所有的学生都表示他们比之前更了解如何研究；5 名学生继续在巴克内尔数字学术会议上展示他们的成果和 DHSS 模式。学生们建立了一个数字人文俱乐部，继续探索自己的研究，并将这些想法传播到更广阔的校园。

② 案例分析

拉斐特学院图书馆开展的融入数字学术研究项目的数字学术素养教育的典型性体现在，这是一种面向用户实际需求的、贯穿用户整个数字项目研究过程的嵌入式教育，是一种多赢的数字学术教育模式。

首先，图书馆通过实施实习项目，将数字学术素养教育融入学生的实习项目中，不但可以教授数字工具，还可以根据实习过程涉及的具体环节开展不同形式、不同内容的数字学术素养教育，这就实现了将信息素养概念化为与数字学术相关的内容，创新了信息素养教育模式，并可以提高学生的数字学术素养。同时，创造了图书馆与用户深入交流、沟通的机会。

其次，学生通过建立原创项目，能够切身体验数字学术项目研究过程，不但可以练习传统的研究方法，还可以探索数字学术，从而了解如何开展研究；并且学生之间通过交流，加深了自身对数字学术的认识，从而使学生在实习过程中掌握数字学术相关的知识。

再次，拉斐特学院图书馆的这种数字学术素养教育，可以激发学生不断研究的兴趣，进而开展持续性的研究工作；参与实习项目的学生积累了研究经验，还可以协助图书馆馆员开展数字学术相关的工作坊，指导同伴开展数字学术研究；从而起到在全校范围宣传推广数字学术的作用，可以带动整个校园数字学术研究的氛围。

3. 数字学术素养教育形式的特点

综上，开设课程、开展工作坊、提供在线培训教程与指南、开展融入数字学术活动的教育等 4 种形式构成了北美高校图书馆数字学术素养教育的框架体系（如图 7-1）。每种教育形式各具特色，互为补充。不同的教育形式可以满足不同用户的学习需要，也便于不同的高校图书馆根据本馆的实际情况进行选择。

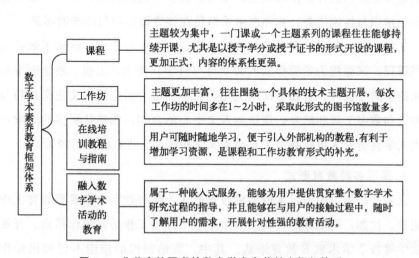

图 7-1　北美高校图书馆数字学术素养教育框架体系

三、北美高校图书馆数字学术素养教育的特色

1. 注重数字学术素养技能教育

数字学术活动基于数字技术、数字工具而开展，使用数字技术、数字工具需要经历从了解到熟练应用的过程，也就是说数字学术活动中需要掌握数字学术技能。北美高校图书馆的数字学术教育体现了注重技能教育的特点。

首先，在数字学术教育的内容方面，北美高校图书馆多开展了数据分析、地理信息系统、数据可视化、数据抓取、数据处理等方面的知识介绍与软件应用知识讲解，这些都是用户在数字学术活动中需要掌握的技能。

其次，北美高校图书馆开展融入数字学术活动的数字学术素养教育，也是根据用户的数字学术活动实践需要开展数字学术素养教育，这样的教育重视实践操作，所以，也体现了重视数字学术技能教育。

2. 与校内机构合作开展数字学术素养教育

北美高校图书馆通过与校内机构合作开展数字学术素养教育，使得数字学术素养教育内容更丰富、更专业。比如，匹兹堡大学图书馆与信息科学学院的教师和博士生合作，推出了一个不断重复的工作坊系列，以探索数字学术主题和工具。这种合作形式能够使信息科学学院人员充分发挥在数字技术方面的知识与技能优势，弥补图书馆馆员在该方面知识与技能的不足。

又如，佐治亚大学图书馆和该校威尔森人文中心合作，推出了数字人文证书课程，该课程为希望探索人文学科与科学、技术、工程、数学等学科的交叉的本科生设计，旨在将深层文化、文字和历史研究的人文主义技巧与分析方法和数字工具相结合；该馆与人文中心的合作，能够让更多的人学习借鉴人文学科研究人员将数字工具与人文学科相结合进行研究的经验。

3. 采取多种教育形式

北美高校图书馆通过采取多种教育形式，使得数字学术素养教育工作更加完善。比如，明尼苏达大学图书馆采取了开展工作坊、制作指南、开展课堂教学等数字学术素养教育形式。其中，该馆制作的指南不仅提供操作指导，而且提供了专家关于为什么在学术中使用数字方法和技术的答案；该指南定期扩展并持续更新，为用户从哪里开始自己的数字工作提供了很好的建

议。该馆开展的课堂教学根据用户课程的需要，提供定制的培训，专家将走进课堂进行培训、演示或讨论。

又如，麦克马斯特大学图书馆采取了开设课程、开展工作坊、开展研究生座谈会、开展专家讲座等形式的数字学术素养教育。该馆开展的研究生座谈会利用午饭时间，为研究生提供讨论数字项目的机会，使研究生在座谈中学习数字学术。该馆开展的讲座邀请与数字学术相关的领先学者、从业人员和艺术家，讲述自己的研究项目。开展研究生座谈会与开展专家讲座，能够使用户以比较轻松的形式学习借鉴他人的经验。

4. 提供用户定制的数字学术素养教育

北美高校图书馆提供的用户定制的数字学术素养教育，是针对小众的需求而特别提供的教育活动，能够满足特定群体的需求。比如，明尼苏达大学图书馆除了为整个大学社区提供定期的工作坊，还为部门和小组提供定制的工作坊。又如，马里兰大学图书馆 GIS 和地理空间服务中心为教师提供定制的 GIS 和图像处理讲座和课程支持，中心工作人员在 McKeldin 图书馆的 GIS 实验室或定制讲座的教师所在的实验室开展讲座。

北美高校图书馆开展定制的数字学术素养教育，充分体现了其重视用户的个性化需求，同时也显示了北美高校图书馆数字学术服务人员较高的服务技能。

四、对我国高校图书馆的启示

1. 提高对数字学术素养教育的重视

北美高校图书馆已经将数字学术素养教育作为数字学术服务的重要内容，而数字学术服务尚未得到我国高校图书馆的重视，我国多数高校学术研究人员对数字学术理念也还比较陌生，这就需要我国高校图书馆提高对数字学术素养教育的重视。通过开展数字学术素养教育，促使图书馆馆员学习国外高校图书馆的数字学术服务模式，了解数字学术服务的基本内容，明确开展数字学术素养教育的形式与内容，从而培养一批能够胜任数字学术素养教育的馆员。通过馆员开展数字学术素养教育，宣传数字学术理念与数字学术工具，推广数字学术技术，使我国的人文学科、社会学科以及其他学科的学术研究人员，能够基于数字学术工具开展数字学术研究工作，与国外学界的研究范式接轨，促进知识创新与传播。

2. 明确数字学术素养教育的基本内容

从上文分析可知，北美高校图书馆的数字学术素养教育内容涉及数字学术介绍、数字人文介绍、数据管理、数据分析、GIS 系列软件使用等方面的内容。我国高校图书馆开展数字学术素养教育，首要的是明确数字学术素养教育的基本内容。

首先，数字学术素养教育是数字学术服务的一项内容，数字学术素养教育应该与图书馆开展的数字学术服务内容相关，比如，开展 GIS 服务的高校图书馆，开展的数字学术素养教育内容与 GIS 密切相关。

其次，数字学术涉及的方面较多，数字人文、数据管理、文本分析等都是数字学术的不同方面，高校图书馆开展数字学术素养教育，可以围绕不同的方面进行。

再次，在规划具体的数字学术素养教育内容方面，高校图书馆应根据本馆馆员实际的知识水平、本校用户群体的具体需求等方面进行综合衡量。同时，由于教师与研究生是参与学术活动的主体，高校图书馆应重点规划面向教师与研究生的数字学术素养教育内容。

3. 创新教育活动的形式

北美高校图书馆采取的开设课程、开展工作坊、提供在线教程、开展讲座、开展座谈会等数字学术素养教育形式，为我国高校图书馆开展教育活动提供了很好的借鉴，我国高校图书馆也可以在各类教育活动中创新教育形式。

例如，在数字学术素养教育方面，高校图书馆可以采取开设课程与开展专题工作坊、提供在线教程相结合的形式。对于内容比较系统、全面的专题，可以以开设课程的形式讲授给用户，比如开设知识产权、数据分析与管理方面的课程；对于内容比较简要、操作性较强的专题，可以以开展专题工作坊的形式与用户分享，比如开展某种软件应用方面的工作坊；对于某种软件操作介绍方面的专题，则以在线教程的方式提供给用户，使用户在实际操作时能够根据自身的实际情况随时进行学习。

又如，在课程的授课形式方面，可以采取录制慕课供学生自主学习与课堂授课相结合的形式。高校图书馆可以将开设的课程录制成慕课，定期面向学生开课，并在开课期间进行课堂授课，讲解学生前一阶段慕课学习内容中的重点与难点，帮助学生消化吸收所学内容，并可以在课堂授课过程中为学生现场解答问题。

4. 开展嵌入式的教育活动

北美高校图书馆将数字学术素养教育融入数字学术活动过程，为我国高校图书馆开展嵌入式的教育活动提供了借鉴。

首先，开展用户需求调查。我国高校图书馆应对授课教师、学术研究人员、学术研究团队等进行调查，了解各类用户对于图书馆开展嵌入式教育的需求情况，从而确定开展嵌入式教育活动的内容与具体形式。例如，在用户对于教育内容的需求方面，需要明确用户是在信息素养教育方面有需求，还是在数字学术技能方面有需求，或者在其他方面存在具体的需求等，以便有针对性地开展嵌入式教育。在开展嵌入式教育的形式方面，需要明确是嵌入教师的课程教学中，还是嵌入研究团队的项目研究过程等。

其次，高校图书馆在新推出一项需要用户具有一定技能的服务项目时，应主动采取嵌入式教育形式，对用户进行必要的技能培训。例如，高校图书馆建立数据存储库，为用户存储数据、共享数据提供服务时，则应该在用户实际操作时提供具体的指导。

5. 合作开展教育活动

北美高校图书馆采取的与校内其他部门合作开展数字学术素养教育的形式，将其他部门的人力资源吸纳到图书馆的数字学术素养教育工作中，为图书馆的数字学术素养教育工作提供了必要的保障。

借鉴于此，我国高校图书馆应在必要时采取合作开展教育活动的形式。高校图书馆每位馆员擅长的领域不同，同时，高校图书馆不可能拥有各方面的人才，尤其是在数字学术素养教育方面，更需要相关部门人员的大力协助，这就使得高校图书馆有必要合作开展教育活动。

一方面是高校图书馆不同部门间合作开展教育活动。高校图书馆应根据教育活动的需要，从不同部门抽调馆员承担相关工作，在不同部门的合作协调下开展教育活动。另一方面是图书馆与校内其他部门合作开展教育活动。高校图书馆应在确定教育主题后，确定拟合作开展教育的部门。例如，开展数字学术素养教育，应和具有数字技术专业人员的信息科学院系合作，或者与校内其他数字学术服务类型的部门、数字学术研究团队合作，请具有相关技能或具有实践经验的人员作为授课人。

北美高校图书馆在数字学术服务中，重视数字学术素养教育。与数字学术服务项目相契合，并采取了多种教育形式，为我国高校图书馆开展数字学术素养教育活动提供了借鉴。我国高校图书馆可以根据本馆实际情况，适时开展数字学术素养教育，还可以在已经开展的教育活动中，创新教育形式，更新教育内容，提升教育能力与水平。

第五节　国外图书馆典型数字学术服务项目实践及启示

近年来，学术图书馆日益重视数字学术的研究与实践。美国高校图书馆的数字学术服务相关理论研究及实践取得了令人瞩目的进展，而我国高校图书馆的数字学术服务理论和实践相对较少。因此，笔者拟基于文献调查和网络调研，研究美国高校图书馆的数字学术服务项目实践，从几个典型的服务案例中获得启发，提出我国高校图书馆开展相关服务的新举措。

一、研究目标与研究过程

1. 研究目标

笔者拟对美国高校图书馆的数字学术项目支持、数字学术素养教育这两方面的数字学术服务案例进行调研，获得较为详细的服务项目实施相关信息并进行分析，进而为我国高校图书馆开展数字学术服务提供科学依据。本节内容在研究初期确定了如下研究问题：

（1）美国高校图书馆针对数字学术项目开展了哪些方面的支持？

（2）美国高校图书馆数字学术项目支持、数字学术素养教育等方面的数字学术服务项目是如何实施的？取得了哪些成效？

（3）所选择的美国高校图书馆的数字学术服务项目有何特色？

（4）本节研究的服务项目对我国高校图书馆有何启示？

2. 研究过程与服务案例的选择

笔者首先通过调查国外相关文献获得相关案例，经过筛选确定选择的案例后，再辅以高校图书馆网站调查，获得更为翔实的信息。进而对所筛选的案例相关资料进行梳理、分析，并提出对我国高校图书馆的建议。

在文献调查方面，笔者通过 Web of Science、EI、Ebsco、Emerald 等数据库，辅以必应学术搜索，检索美国高校图书馆数字学术服务方面的文献，共获得 33 篇由美国高校图书馆人员撰写的介绍本馆数字学术服务实践的文献，涉及 24 所图书馆。调查时间为 2022 年 2 月至 2022 年 9 月。

在案例的筛选方面，着重选择数字学术项目支持案例、数字学术教育案例。筛选案例遵循如下标准：

（1）能够突出数字学术服务中的资金支持、人力支持、技术支持、文献资源支持等；

（2）体现图书馆馆员与教师的合作，以及图书馆馆员对学生课程学习、完成课程作业、完成研究项目的嵌入式支持；

（3）图书馆的数字学术服务或服务项目类型在国内现有相关文献研究中有所提及，但是鲜见关于这些服务项目实施的详细信息；

（4）具有实施细则或项目成效等信息，具有较强的可学习借鉴性，如表 7-6 所示（笔者将所选案例基本信息及选择原因列于表 7-6）。

表 7-6　所选案例基本信息及选择原因

服务项目分类	涉及的高校图书馆	选择原因
设立资助计划支持数字学术项目研究	中田纳西州立大学图书馆、北卡罗来纳大学格林斯博勒分校图书馆	两所图书馆分别通过设立资助计划为数字学术项目研究提供资金支持和人力支持，相关人员需要经过申请、审批获得相应支持，项目评审过程规范。前者的数字学术服务颇具特色，设有专门的数字学术服务机构，发布了数字学术标准。后者未建立专门的数字学术服务机构，尝试通过设立资助计划开展数字学术服务，可为高校图书馆创新服务提供借鉴

服务项目分类	涉及的高校图书馆	选择原因
为教师的数字学术项目提供技术支持	迈阿密大学图书馆	图书馆馆员基于技术技能，为数字学术项目提供技术支持，使得教师能够顺利完成数字学术项目，并提高项目的影响力。该馆于2013年建立数字学术中心，开展了数字出版、数据可视化、数字制作等服务，其数字学术服务得到国内较多学者关注，数篇文献述及其数字学术项目支持信息。可为我国高校图书馆以合作身份参与教师的数字学术项目提供借鉴
为数字学术项目研究开发新工具与平台	东北大学图书馆	该馆自主开发建立平台，支持数字人文项目创建和出版；重视平台展示内容的选择，以及相关用户的培训；体现了图书馆馆员基于技术技能创新服务的意识。该馆的数字学术服务得到国内较多学者关注，该馆的数字学术服务团队重视为用户的数字学术活动提供工具、平台支持。可为我国高校图书馆开发工具平台提供借鉴
为学生开展数字学术研究提供文献资源保障	密歇根大学图书馆、塞勒姆州立大学图书馆	为学生开展数字学术研究提供文献资源保障，馆员参与其中，发挥指导作用。前者体现了学科馆员与技术馆员的合作，为提高研究生的数字人文技能服务。后者体现了教师与馆员的合作，为本科生提供参与数字学术研究的机会。两所图书馆的服务项目可为我国高校图书馆基于文献资源提高学生的研究技能提供借鉴
在教师开设的课程中讲授数字技术相关知识	伊利诺伊大学香槟分校图书馆	图书馆馆员基于所掌握的数字技术知识，嵌入到教师开设的课程中，为学生讲授数字技术知识，帮助学生顺利完成课程作业。该馆开展的数字学术服务已相对成熟，面向科研和教学开展服务，影响力较大，其数字学术服务在研究图书馆协会网站有专门介绍，并得到国内较多学者关注。我国高校图书馆可参考开展嵌入课堂的数字学术服务

二、美国高校图书馆典型的数字学术服务项目

1. 设立资助计划支持数字学术项目研究

（1）通过设立资助计划为数字学术项目提供资金支持

中田纳西州立大学图书馆于 2017 年设立了"种子基金"（Seed Grants），以支持该校任何学科或领域的个人或合作团队，在研究、教学、公共外展等方面的数字学术项目。该基金面向中田纳西州立大学的教师、研究人员和硕士生，特别考虑展示跨部门协作、使用校内档案馆和图书馆等数字合作伙伴的资源以及使用现有图书馆技术基础架构和数字学术实验室资源的申请。该馆已在过去 3 个年度资助了 6 个项目，涉及期刊数字化项目、数字素养计划等。

每个项目可获得资助金 2000 美元，项目研究周期为一年，从当年的 7 月 1 日至次年 6 月 30 日，申请人必须在 12 个月内用完资助金，并且需在项目完成 2 个月内提交描述项目结果的最终报告（限 1500 字）。此外，获得资助的首席研究者或团队必须在"数字人文研讨会"上介绍研究工作，并且/或者将研究成果添加到图书馆的数字馆藏或机构知识库中。

资助金可以用于但不局限于以下活动：雇用学生工进行数据分析、文本编码或数据输入，购买专用设备进行数字化或分析，将地理空间方法应用于文学作品、历史问题或科学发现，在中田纳西州立大学举办关于数字学术/数字人文主题的讨论活动，将图书馆外的资料进行数字化，开展以公民或公共人文为重点的教学等。

（2）通过设立资助计划为数字学术项目提供资金与人力支持

北卡罗来纳大学格林斯伯勒分校图书馆于 2015 年设立了"数字伙伴"（Digital Partners）内部资助计划，以支持教师的数字学术项目研究。该资助计划每年征求项目提案，由图书馆/教师委员会审核提案，然后选择最符合计划标准的提案。成功的申请人将获得资助金及图书馆工作人员的专业知识支持，以及工作时间的投入。为项目研究提供支持的工作人员多来自该馆的IT 部门，提供的专业知识包括网站开发、用户界面创建以及数据库设计和开发。同时，成功的申请人也将得到特色馆藏部和大学档案馆、学术交流

部、技术服务部的支持。该图书馆规定，工作人员投入数字学术项目的工作时间为全年工作时间的一半。

"数字伙伴"资助计划制订了资助项目的 4 个基本评选标准，分别是项目申请人为本校教师、数字项目必须托管在图书馆的服务器上、数字项目必须开放获取、教师必须对任何版权或知识产权问题负责。此外，还有 3 个附加标准，分别是具有广泛而持久的价值、在某种程度上与现有项目相关、有很大机会吸引外部资金。满足附加标准的项目提案将被优先考虑。

该馆在启动资助计划的第一年，共资助了 7 位教师的项目，分别来自英语、生物学、艺术专业，以及社区和家庭研究中心。该馆为这些项目提供了地理定位、地图绘制、数字化、元数据、版权、托管以及数据库和用户界面设计方面的咨询、专业知识和工作投入。

（3）服务项目分析

中田纳西州立大学图书馆重在为数字学术项目研究提供资金支持，促进校园内的创新，通过资助计划增加了数字馆藏。并且，对数字学术项目的完成期限、研究成果的分享、资助金使用等方面做出了明确的规定，有利于项目的规范管理。北卡罗来纳大学格林斯伯勒分校图书馆是在未建立数字学术中心时采取的为教师的数字学术项目提供支持的方式，尤其注重为数字学术项目提供专业知识，帮助完成数字学术项目研究中的实际工作，可为未建立数字学术中心的高校图书馆开展数字学术服务提供借鉴。

2. 为教师的数字学术项目提供技术支持

迈阿密大学图书馆开展了为教师的数字学术项目提供技术支持的服务实践。"数字素养伙伴关系"（Digital Literacy Partnership，DLP）项目是该馆提供技术支持的项目之一，启动于 2014 年 2 月。该项目由迈阿密大学运动生理学和健康系的副教授瓦莱丽·乌布斯博士（Dr. Valerie Ubbes）担任项目主任和设计师，迈阿密大学图书馆为该项目的合作伙伴，学生们用乌布斯博士设计的模板创建和发布公共卫生数字项目。DLP 项目建立了专门的网站，用户可以通过网站浏览 3 个跨学科数据库和 1 个课程：儿童图画书数据库、健康素养数据库、健康宣传数据库、口腔健康素养课程电子书。该项目运行于 Omeka 平台，这是一个开放的学术收藏和展览的网络发布平台。

（1）迈阿密大学图书馆对 DLP 项目的技术支持

迈阿密大学图书馆为 DLP 项目提供了技术基础设施和支持，具体包括：在 2013 年领导网站设计和原型会议；在图书馆服务器上安装和维护 Omeka 实例；将 DLP 项目的内容从本地系统迁移到 Omeka；在 Omeka 实施视频文件的 Vimeo 代码；使用 ePUB 为项目建立电子书原型；验证和修复 HTML 和 EPUB 文件；识别和推荐 Calibre 等发布工具。

（2）DLP 项目的影响

DLP 项目的影响可以从两个方面来表征，一是 DLP 网站的使用情况，二是学生的参与。通过分析网络使用情况可知，从 2014 年 2 月 14 日到 2016 年 11 月 30 日，DLP 拥有超过 31000 名用户，共有来自 153 个国家的 142753 次浏览量。学生参与 DLP 项目过程的做法，使得多年来学生们创造作品的数量和质量都有所提升。学生的贡献已经从一个班级作业变成了一个公开的网站，任何人都可以访问和阅读他们的作品。

（3）服务项目分析

迈阿密大学图书馆致力于为教师的数字学术项目提供技术支持。通过该服务项目可知，迈阿密大学图书馆根据教师的实际需求，依托图书馆馆员的技术技能，为数字学术项目的创建提供嵌入式技术支持，图书馆馆员在 DLP 项目建设过程中发挥着合作伙伴的作用，对数字学术项目建设起到至关重要的作用。同时，使得相关学生在数字学术项目创建过程中提高创作作品的质量，实现作品的公开访问。

3. 为数字学术项目研究开发新工具与平台

美国东北大学图书馆设计了"参与学术的社区增强型知识库"（Community Enhanced Repository for Engaged Scholarship，CERES），支持数字人文项目创建和出版。

（1）CERES 简介

CERES 是一套灵活的、可扩展的工具，用于创建和出版数字人文科学研究项目，通过 WordPress 主题和相关插件进行组织。东北大学图书馆的数字知识库服务（Northeastern University Libraries' Digital Repository Service，DRS）是一个本土的 Fedora /Hydra 知识库，是 CERES 内容的主要数据源，DRS 通过 API 发布项目及其元数据，图书馆创建的专用 WordPress 插件使用 API 将数字对象从 DRS 拉入 WordPress。CERES 与已有的 DRS 相结合，可通过将可定制的 Web 发布工具加入 DRS 存储来满足项目的保存和表现需求。

（2）CERES 保存的内容及功能

目前，CERES 以保存数字馆藏、学生的课程作业等为主，并支持整合现有数字馆藏资料，创建在线研究网站，包括：

① 保存和出版主要原始资料的长期数字馆藏，包括文件、视频、信件或访谈等；

② 保存课堂作业，学生可将展示成果添加到现有的 CERES 项目中；

③ 探索和整合其他现有数字馆藏中的资料；

④ 创建长期的在线研究门户网站和展览，将上下文的学术叙述与地图、时间轴等特殊的互动功能相结合。

美国东北大学图书馆自开发 CERES 以来，已经有 11 个项目基于 CERES 展览工具包建立。

（3）CERES 的项目征集与培训

美国东北大学图书馆每年都会公开征集基于 CERES 建设数字项目或在课堂上使用 CERES 的建议，并为入选的项目组或需要使用 CERES 的课堂提供使用 CERES 的培训，DSG 还可以走进课堂提供指导，或者引导关于构建展览的过程和工具的讨论。东北大学图书馆有一套广泛的培训材料，包括步骤说明、操作指南和样本作业。

（4）服务项目分析

美国东北大学图书馆开发 CERES 是为了满足用户长期保存数字项目的需求及支持个别项目的定制需求。并且该平台保存的内容类型较多，可同时满足教师和学生的需求。在 CERES 的运作方面，东北大学图书馆采取了公开征集数字项目或使用建议的方式，一方面可以宣传 CERES，另一方面可以确保满足平台保存要求的项目或内容能通过该平台出版。同时，东北大学图书馆提供关于 CERES 的培训服务，有助于用户顺利使用 CERES。

4. 为学生开展数字学术研究提供文献资源保障

美国高校图书馆为本校学生开展数字学术研究提供文献资源保障，主要涉及两种方式：一种是学生利用文献资源完成课程所需的数字学术项目类型的作业；另一种是学生在教师、图书馆工作人员的指导下，基于文献资源开展数字学术项目研究。

（1）利用文献资源支持学生完成课程作业

密歇根大学图书馆基于文献资源，支持研究生完成屏幕艺术与文化课程的作业。屏幕艺术与文化课程的教授想开展一个为期一学期的项目，以使学生对制作数字媒体过程有所了解，并从中获得经验；并请图书馆的屏幕艺术和文化学科馆员、教学技术馆员提供相关指导。

图书馆馆员根据学生规模和技术限制与要求，决定让学生们使用图书馆的 Omeka 设施和电影档案特色资源来研究、策划和创建在线展览。该馆特色馆藏中的 Mavericks 电影馆藏中有一些电影档案，与这门课程的学科重点很好地交叉。Mavericks 电影馆藏收藏了罗伯特·奥特曼、约翰·赛尔斯和奥森·威尔斯的档案，其中包含剧本、制作文件、法律文件、照片、个人书信和道具材料等，这些档案阐明了电影制作的历史以及这些电影制作人的创作过程。

通过馆藏研究，学生们对这些电影馆藏是如何处理、组织、编目和访问有所了解。结合这一经验，学生们学会了通过设计一个可以成为展览的视觉逻辑，在 Omeka 及其元数据结构的背景下策划和想象相同的物体。通过这种方式，图书馆为学生们提供了宝贵的数字方法实践经验。

（2）基于文献资源支持学生完成数字学术项目研究

塞勒姆州立大学图书馆设立了"数字学者计划"，该计划面向本科生，由教授和档案馆员领导塞勒姆大学本科实习项目，大学生基于档案馆藏开展人文学方面的数字学术研究。该计划强调对学生成功的影响，包括构建批判性思维、协作、项目设计等"软"技能以及与展览、地图和时间线建设的平台相关的技术技能。

该计划面向艺术史、美国研究、英语和历史系的学生。学生与该计划的领导者密切合作，探索每一种档案馆藏的细微差别，选择合适的材料，并确定他们的研究问题。学生确定研究主题后，与数字学者计划领导者合作，学习处理档案馆藏的最佳途径，确定与他们项目相关的次要来源材料，选择一个最能展示他们研究的平台，并学习不同的技术。在整个过程中，学生每周以个人或小组形式与该计划的领导者见面，得到该计划领导者的指导。最终，学生或使用 TEI 编码档案馆藏，或制作档案馆藏相关的视频，或在校内举办档案馆藏相关的展览，或制作档案材料涉及的建筑三维模型。学生通过参与该计划，接触了新的研究思路，学习了新技术，获得了数字学术项目创建和管理经验。

（3）服务项目分析

密歇根大学图书馆、塞勒姆州立大学图书馆都基于文献资源支持学生开展数字学术相关研究，并有专业馆员和教师一起为学生提供指导，可以使学生在研究实践中获得研究技能；并且可以提高馆藏资源的利用率，加强图书馆与教师、学生之间的联系与合作，提高图书馆的影响力。

5. 在教师开设的课程中讲授数字技术相关知识

学生在完成课程作业过程中，通常需要使用数字工具，掌握一定的数字技术。伊利诺伊大学香槟分校图书馆的哈里埃特·格林参与到该校教师的课程中，讲授数字工具，主要面向图书情报学专业的研究生、英语专业本科生、历史学专业本科生等。

（1）图书馆馆员讲授的课程内容及形式

笔者选择伊利诺伊大学香槟分校图书馆参与的 2 个课程的详细信息如表 7-7 所示。由表 7-7 可知，学生在完成课程作业中对数字工具的需求，使图书馆开展此项服务成为可能；哈里埃特·格林主要采用工作坊的方式为学生讲授数字人文工具，讲授的内容较丰富。

（2）学生学习的收获

具体来说，学生在如下方面有所收获。

① 发现和评估数字内容。学生学习了如何进行有效研究并收集他们导入到数字平台中进行分析和/或发布的各种数字内容。

② 通过综合视觉和文本内容，发展学术评论技能。

③ 参与协作式学习环境。学生们在协作环境中使用 WordPress、Omeka

和 Scalar，从最初的教学研讨会到最终的项目成果，他们都能够参与到同伴的工作中。

④ 通过体验式学习建立真正的可转换的技能和数字工具能力。

表 7-7 伊利诺伊大学香槟分校图书馆讲授数字人文工具课程信息

面向对象	授课背景/目标	讲授内容/形式	学生完成情况
图书情报学专业的研究生	专业教师要求将 Omeka 数字出版平台纳入公共历史课程，课程的目的是教会学生如何从公共历史学家和信息专业人员的角度来创建研究项目	哈里埃特·格林讲授了数字策展方面的课程，并向学生介绍了用于数字学术和出版的各种方法和工具。然后，学生与哈里埃特·格林等馆员进行了为期一天的线下研讨会，内容涉及档案研究、数字出版以及如何使用 Omeka.net 等。哈里埃特·格林通过用于课程的 Moodle LMS 的在线论坛、电话咨询和电子邮件为研究生提供研究和工具帮助	学生们逐渐建立了 Omeka.net 网站，将从伊利诺伊大学香槟分校档案馆、图书馆收集到的档案资料和数字馆藏资料等汇集在一起
英语专业的本科生	英语和修辞学课程的一位研究生助教寻求尝试使用数字工具的新教学风格和方法，其主动与哈里埃特·格林联系	哈里埃特·格林与研究生助教合作修改了非常标准化的创作大纲，使其与将 Omeka 纳入写作平台相适应。每份作业都安排了多个研讨会，以指导学生完成 Omeka 网站的建设过程，将 Omeka 的不同方面构建到所需的论文中。并采取两个时长为 30 分钟的简短工作坊的方式介绍 Omeka	学生完成了 3 份作业：(1) 将项目上传至 Omeka；(2) 在上传到 Omeka.net 的项目中创建一个集合；(3) 在 Omeka 中建立页面，以显示上传的至少一项内容

（3）服务项目分析

伊利诺伊大学香槟分校图书馆参与到教师的课程中讲授数字技术，一方面是受数字人文方法和工具教育环境的影响，另一面是图书馆馆员能够洞察到用户在使用数字学术出版工具方面的需求。伊利诺伊大学香槟分校图书馆制订的针对数字人文学科的教学计划、学习对象和分析工具，使学生能够建立数字素养技能，以创建、分析和保存研究中的文字和视觉材料的数字表现形式。同时，在课程中讲授数字工具为学生提供了很好的协作式学习环境，促进学生提高了数字技术。

三、启示

1. 主动了解用户数字学术研究方面的需求

上述美国高校图书馆的数字学术服务项目都是在了解用户的实际需求的基础上开展的。因此，我国高校图书馆开展数字学术服务，应主动了解用户数字学术研究方面的需求，根据用户的需求规划服务项目。

首先，高校图书馆应关注当前科研环境与相关技术发展趋势，如科研成果开放获取、科研资源共享的大环境及不断发展的数字技术等，明确科研环境变化与技术发展对用户数字学术研究的影响，进而分析用户在数字学术研究方面的需求。

其次，高校图书馆应结合国外高校图书馆及我国重点高校图书馆的数字学术服务实践情况，结合我国高校学科建设与发展情况，分析用户潜在的数字学术研究需求。

再次，高校图书馆应深入开展用户调查，了解不同学科的教师、研究生等用户开展数字学术研究的情况，以及其对数字学术服务的需求。特别要注意的是，应选择工科、人文学科等不同学科的用户进行调查，综合分析不同学科用户对数字学术服务的需求。

2. 注重加强与教师的联系与合作

美国高校图书馆为教师的数字学术项目提供技术支持，在教师的课程中讲授数字技术等服务项目，都体现了与教师合作的意识。借鉴于此，我国高校图书馆在数字学术服务中应注重加强与教师的联系与合作。

首先，高校图书馆应加强与教师的联系。比如，由学科馆员与院系教师建立点对点的联系，定期走访教师。向教师介绍国外高校图书馆数字学术服务概况，了解教师在研究与教学过程使用数字技术的情况，向其推介相关服务项目。

其次，高校图书馆也应在服务中强化与教师合作的理念。合作理念体现在图书馆馆员积极参与到教师的数字学术项目研究过程、教师的课程中，在其中发挥积极作用，承担一定的实质性工作。比如，图书馆馆员在教师开展数字学术项目研究的规划阶段提供建设性意见，在项目研究阶段提供技术支持，在教师课程教学过程中承担自身擅长的教学内容等。

3. 重视数字学术服务人才培养

美国高校图书馆无论是为数字学术项目提供技术支持，还是向学生讲授数字技术知识，在一定程度上都得益于拥有相应技术技能的馆员。人才是数字学术服务中的重要因素，因此，我国高校图书馆应重视培养数字学术服务人才。

首先，应注重调动馆员参与数字学术服务的积极性。对我国绝大多数图书馆馆员来说，数字学术服务是一项全新的服务，馆员承担此项服务工作需要花费较大的精力学习岗位技能。因此，高校图书馆应通过建立激励机制调动馆员的积极性。

其次，应加强馆员的数字技术技能培养，为技术服务相关岗位的馆员提供学习培训机会。比如，参加关于地理信息系统、在线创作工具、数据处理、数据挖掘、信息可视化等数字工具与方法的学习培训等。

再次，应注重培养馆员的沟通协调能力。图书馆馆员深入到教师的项目研究、教学过程中开展数字学术服务时，尤其需要良好的沟通协调能力，高校图书馆也应注重馆员此种能力的培养。

4. 注重基于文献资源支持数字学术研究

数字学术包括数字人文。数字人文研究很大程度上依赖特定的文献资源，美国高校图书馆依托特色馆藏为学生的课程作业、数字学术研究项目等提供支持。建议我国高校图书馆注重基于文献资源支持数字学术研究。

首先，高校图书馆应加强特色资源建设，尤其是人文方面的特色资源建设，做好资源的分类整理，以方便用户使用。

其次，高校图书馆应明确校内哪些研究人员可能在研究过程中使用特色资源，哪些教师在课程教学过程中可能使用特色资源，哪些学生需要基于特色资源完成课程作业、开展相关研究等，并主动向相关用户宣传特色资源，使相关用户了解图书馆的特色资源，并能基于特色资源开展进一步的工作。

再次，高校图书馆应安排具有一定数字技术、了解特色资源的馆员负责相关服务工作，为用户使用特色资源开展数字学术研究提供必要的技术支持与相关指导服务。

5. 设立数字学术研究资助计划

美国高校图书馆通过设立资助计划支持数字学术项目研究，为确实有服务需求的用户提供支持，同时丰富了馆藏资源。借鉴于此，建议我国高校图书馆设立数字学术研究资助计划。

首先，高校图书馆应结合本校用户开展数字学术研究的实际情况，明确资助何种类型的数字学术活动。

其次，高校图书馆应明确为数字学术研究提供哪些资助与支持，如人力支持、设备支持、空间支持、资金支持等，并明确说明资助与支持的具体内容与形式。

再次，高校图书馆应制订评审资助计划申请书的标准，如明确规定优先支持人文学的数字学术研究、支持有持久影响力的数字学术项目等。

另外，高校图书馆应对资助计划的成功申请者的数字学术研究成果的保存路径、成果的使用权限作出说明，高校图书馆最好是建立专门的数字学术成果库，要求统一保存研究成果，实现研究成果开放获取。

综上所述，本节选取的美国高校图书馆典型数字学术服务项目，涉及图书馆对数字学术项目的资金支持、人力支持、技术支持、平台支持，基于图书馆资源支持学生的数字学术研究，在课程中讲授数字技术知识等方面。服务项目体现了美国高校图书馆馆员主动服务的意识、数字学术服务技术技能、图书馆的特色资源优势，以及与教师合作的意识。这些服务实践和服务理念可以为我国高校图书馆数字学术服务提供借鉴，我国高校图书馆应结合自身的实际情况，积极开展创新服务实践，更好地为学校的数字学术研究服务。

◆ 参考文献 ◆

[1] 王子舟. 图书馆学是什么[M]. 北京：北京大学出版社，2008.

[2] 吴慰慈. 图书馆学概论[M]. 北京：书目文献出版社，1985.

[3] 王丽敏. 也谈图书馆核心价值[J]. 大江周刊（论坛），2010（4）：19-20.

[4] 王丽敏，王淑阁. 精细化管理在高校图书馆中的应用[J]. 内蒙古科技与经济，2011（5）：140-141.

[5] 王丽敏，王淑阁. 云计算环境下图书馆管理与服务方式探析[J]. 兰台世界，2011（6）：70-71.

[6] 徐岚. "互联网＋" 背景下图书馆管理的创新路径[J]. 合肥学院学报，2017，34（4）：112-116，120.

[7] 王丽敏，王蕾. "互联网＋" 环境下图书馆信息服务模式探析[C] //北京科学技术情报学会 2016 年
学术年会论文集. 2016：311-316.

[8] 吴建中. 走向第三代图书馆[J]. 图书馆杂志，2016（6）：5.

[9] 胡祥辉. 传统图书馆管理在数字环境下的创新[J]. 时代教育，2017（9）：27.

[10] 蒋坤. 浅谈信息化背景下图书馆管理的有效途径[J]. 图书档案，2017（11）：193.

[11] 杨福进. 在新时期下高校图书馆教育职能的演变[J/OL]. 中国教育学刊，2015（S2）：266-267.

[12] 刘敏，王丽敏. 大学图书馆教学服务能力创新建设[J]. 公关世界，2020（4）：102-103.

[13] 田雅静. 数字环境下传统图书馆管理的批判与创新[J]. 科技展望，2015，25（31）：200.

[14] 任玉梅. 关于高校图书馆女馆员职业倦怠的几点思考[J]. 山东图书馆学刊，2012（5）：66-69，78.

[15] 王丽敏. 网络信息时代高校图书馆员职业高原问题探析[J]. 电子商务，2011（4）：93-94.

[16] 王丽敏，党卫红. 云计算环境下图书馆信息资源共享系统构建[J]. 农业图书情报学刊，2011，23
（5）：36-38，67.

[17] 江波，覃燕梅. 基于微信的移动图书馆 APP 服务系统设计与实现 [J]. 现代情报，2013，33
（6）：41-44.

[18] 王丽敏，党卫红. 云计算技术在个人数字图书馆中的应用研究[J]. 科技情报开发与经济，2011，21
（13）：34-35.

[19] 王丽敏，章丽萍. Web3.0 环境下图书馆信息服务探析[J]. 科技通报，2012，28（2）：185-187.

[20] 孔云，廖寅，资芸，等. 基于微信公众账号的图书馆移动信息服务研究[J]. 情报杂志，2013，32
（09）：167-170，198.

[21] 王丽敏，刘敏. 现代技术应用——关联数据在高校图书馆的应用模式研究[C] //2013 北京高校科技
信息服务研究会学术年会论文集. 2013：297-301.

[22] 王丽敏. 大数据环境下图书馆信息服务模式探析[J]. 情报工程，2015（2）：91-95.

[23] 贾西兰，李书宁，吴英梅，等. "互联网+图书馆"思维下的下一代图书馆服务平台[J]. 图书与情报，2016（1）：44-48.

[24] 王丽敏，章丽萍.基于物联网技术的图书馆管理与服务模式探析[C] //2011年信息技术、服务科学与工程管理国际学术会议论文集. 2011：1326-1329.

[25] 王丽敏，党卫红.数字复合出版与图书馆发展[J]. 出版与印刷，2011（01）：31-32.

[26] 涂志芳，刘细文.数字学术服务的内容与形式：一项系统综述和比较研究 [J]. 图书情报工作，2023，67（08）：104-114.

[27] 曾熙，王晓光.数字学术：概念、特征与案例分析 [J]. 数字图书馆论坛，2019（03）：2-10.

[28] 蔡迎春，严丹，周琼，等.赋能与创新：数字学术服务的多元内容与实践发展 [J]. 大学图书馆学报，2022，40（06）：55-63.

[29] 唐江浩.数字人文视域下人文学者数字学术能力研究[D]. 江苏大学，2021.

[30] 周力虹，李平，王迪.基于业务流程管理的高校图书馆数字学术服务提升路径研究——以某"双一流"大学图书馆为例 [J/OL]. 图书情报知识，1-12[2023-12-05]. http://kns. cnki. net/kcms/detail/42. 1085. G2. 20230625. 2223. 008. html.

[31] 鄂丽君.北美高校图书馆数字学术支持现状及启示——ARL《SPEC Kit 350：支持数字学术》调查报告分析 [J]. 图书情报知识，2017（04）：39-46.

[32] ARL. SPEC Kit 350: Supporting Digital Scholarship（May 2016）[EB/OL]. [2023-08-02]. http://publications. arl. org/SupportingDigital-Scholarship-SPEC-Kit-350/.

[33] 鄂丽君.美国部分大学图书馆的数字学术支持考察与启示 [J]. 图书情报工作，2017，61（10）：74-80.

[34] 杨敏.我国高校图书馆数字学术服务现状调查与分析——以20家研究型大学图书馆为例 [J]. 图书馆工作与研究，2021（06）：89-97.

[35] 鄂丽君.研究图书馆协会成员馆建立的数字学术中心调查分析 [J]. 大学图书馆学报，2018，36（01）：54-61，89.

[36] 郑丽央.美国高校图书馆数字学术服务及启示[D]. 福州：福建师范大学，2019.

[37] 李红培.国外高校图书馆数字学术空间的实践及启示 [J]. 图书馆理论与实践，2016（07）：89-92.

[38] 介凤，盛兴军.数字学术中心：图书馆服务转型与空间变革——以北美地区大学图书馆为例 [J]. 图书情报工作，2016，60（13）：64-70.

[39] 刘兹恒，涂志芳.数字学术环境下学术图书馆发展新形态研究——以空间、资源和服务"三要素"为视角 [J]. 图书情报工作，2017，61（16）：15-23.

[40] 鄂丽君.美国高校图书馆数字学术空间建设调查分析 [J]. 图书与情报，2017（04）：18-24.

[41] 李天月.高校图书馆数字学术空间服务核心要素与创新路径研究——以香港中文大学图书馆数字学术实验室为例 [J]. 图书馆工作与研究，2021（04）：52-56.

[42] 鄂丽君. 英国高校图书馆数字学术服务调查分析 [J]. 国家图书馆学刊, 2018, 27 （06）: 30-39.

[43] 鄂丽君, 陈淑平, 张丽舸, 等. "双一流"建设背景下高校图书馆科研服务研究 [J]. 图书馆建设, 2018（11）: 53-59, 66.

[44] 鄂丽君. 加拿大高校图书馆数字学术支持调查分析 [J]. 图书馆论坛, 2019, 39 （05）: 162-169.

[45] 鄂丽君. 北美高校图书馆数字学术支持人员设置调查与分析 [J]. 图书馆建设, 2018（01）: 91-95, 100.

[46] 鄂丽君, 王启云. 美国高校图书馆专业馆员职业能力调查与分析——高校图书馆招聘视角 [J]. 图书馆论坛, 2018, 38 （01）: 128-134.

[47] 黄敏, 周华. 高校图书馆数字学术馆员队伍建设与能力提升策略研究 [J]. 图书情报导刊, 2023, 8 （04）: 7-14.

[48] 鄂丽君, 单伟, 陈淑平. 北美高校图书馆数字学术教育调查与分析 [J]. 图书情报知识, 2018 （02）: 61-68.

[49] 鄂丽君. 美国研究图书馆协会的数字学术支持教育活动考察与启示 [J]. 情报资料工作, 2019, 40 （03）: 104-112.

[50] 鄂丽君, 蔡丽静. 美国高校图书馆典型数字学术服务项目实践及启示 [J]. 图书馆学研究, 2020 （18）: 84-92.